亲子沟通

心理学

宋建忠◎编著

新疆文化出版社

图书在版编目（CIP）数据

亲子沟通心理学 / 宋建忠编著. –– 乌鲁木齐：新

疆文化出版社, 2025. 2. –– ISBN 978–7–5694–4609–8

Ⅰ. G78

中国国家版本馆CIP数据核字第20248X02J4号

亲子沟通心理学

编 著 / 宋建忠

策　　划	王国鸿		封面设计	袁　野
责任编辑	张　翼		责任印制	铁　宇
版式设计	摆渡者文化			

出版发行	新疆文化出版社有限责任公司
地　　址	乌鲁木齐市沙依巴克区克拉玛依西街1100号（邮编：830091）
印　　刷	三河市嵩川印刷有限公司
开　　本	710mm × 1000mm　1/16
印　　张	8
字　　数	130千字
版　　次	2025年2月第1版
印　　次	2025年2月第1次印刷
书　　号	ISBN 978–7–5694–4609–8
定　　价	49.80元

　　孩子是父母手中那块最珍贵的璞玉，而这块璞玉需要父母用心血去认真雕琢，才能让它散发光彩。也许，在你的心灵里，自己的孩子像极了一块顽石。但是，你却没有发现，隐藏在石头深处那隐隐发光的珍宝。

　　对于父母来说，孩子将来能够成才是他们心底最大的希望，不过，孩子的成才不是说出来的，也不是打出来的，而是教育出来的，那么，请父母审视一下自己，你对孩子的教育方法是否正确？

　　当你面对家中的"问题孩子"时，你是否有过这样的埋怨：别人家的孩子成绩都那么好，怎么你的成绩那么差，我怎么生了你这么个笨儿子？当你看着眼前默默低着头的孩子，当你用自以为正确的方式教育你的孩子时，你是否倾听过孩子内心的声音？当你面对孩子无辜的眼神时，你是否有幡然醒悟：也许不是孩子的错，而是自己的教育出了问题。教育专家告诉我们：没有教不好的孩子，只有不会教的父母。从这句话中不难看出，当孩子身上出现问题时，要先审视一下自己的教育，看是否是自己的教育出了问题。那么，到底该如何找出真正适合自己孩子的教育方法呢，这是很多父母都关心的问题。

　　本书内容分别从"好爸爸胜过好老师"和"好妈妈胜过好老师"两

个不同的方面进行阐述，分别阐述了爸爸妈妈在孩子成长过程中，对孩子所起到的重要影响。不仅讲述了爸爸在孩子性格形成方面的重要作用，还重点阐述了爸爸陪伴孩子一同学习、一同成长的重要作用，以此告诉全天下所有的爸爸，即便再忙，也要抽出时间陪伴你的孩子，因为在孩子的成长过程中，父爱不能缺席。另一方面，也重点讲述了妈妈在孩子成长以及教育中起到的重要作用，由此告诉全天下的妈妈，孩子的健康成长需要你的参与。

本书不仅讲述了教育孩子的方法，也讲述了在教育孩子的过程中不可避免的一些问题，以此向全天下的父母阐述了正确的教育理念。要知道，正确的教育理念就是一把万能的钥匙，拥有这把钥匙，就可以打开不同的锁匙。

总而言之，希望天底下所有爱孩子的爸爸妈妈都能掌握并拥有这把万能的钥匙，让你的孩子在爸爸妈妈双方良好的教育下朝着更好的方向发展，希望全天下的孩子都能健康、快乐地成长，也希望全天下的爸爸妈妈都能成为孩子前进路上最好的领路人。

目　录

第一章
做孩子的启蒙之师

第二章
做孩子的领航者

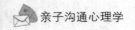

第三章
做孩子的好朋友

第四章
陪孩子一起玩

第五章
做孩子的"保护伞"

第六章
做孩子的好听众

第七章
不要把孩子当成私有品

第八章
培养孩子的品格很重要

第一章

做孩子的启蒙之师

　　爸爸充当着孩子的第一任老师，如何做好孩子的榜样，这是很多爸爸应该考虑的问题。在完整的家庭中，既不能缺少母爱，也不能缺少父爱。所以，无论任何时候，父爱对孩子来说都是非常重要的。在父爱的关怀下，孩子才能更好地适应这个社会，能够更加勇敢、更加坚强。

父爱为孩子撑起一片天

说到影响孩子成长的话题，母亲总是被首先提及，因为似乎母亲对孩子成长的关注度更高。有的家庭几乎是由母亲一人独自担负教养孩子的重任。"爸爸"这个称呼在孩子的心里到底是什么？是漂亮的房子、豪华的汽车或高档的玩具，还是情感的依赖、家庭的支柱？实际上，在孩子的教育问题上父亲的影响力不容小觑，著名心理学家格尔迪说："父亲的出现是一种独特的存在，对培养孩子有一种特别的力量。"

毛洛姆曾这样评价父亲和母亲的不同作用："母亲是我们的家，我们来自那里；母亲是大地，是海洋，但父亲却没有这些特征。在第一年他和孩子很少接触，这时他的重要性不能与母亲相提并论。然而，虽然父亲不代表自然界，却代表着人类存在的另一极，那便是思想的世界、科学技术的世界、法律和秩序的世界、风纪的世界、阅历和冒险的世界。父亲是孩子的导师之一，他指给孩子通向世界之路。"

父亲不仅仅是家里的脊梁，是家里的经济支柱，更是孩子成长中的重要人物。这从以下几个方面就可以体现出来：

1.父亲是孩子游戏的重要伙伴

家庭组织一次野餐，父亲常常会带着孩子上山采果、下河摸鱼。在孩子看来，唯有父亲能陪他完成这些冒险，并且能够在危难的时候帮助他。即使在家里，父亲也常常会用触觉、肢体运动的游戏把孩子举到肩上，来回地转或抛向天空。这些动作常有一定的危险，但父亲的大手和力量可以让孩子感受到快乐与安全，孩子们总会快乐地"咯咯"笑。在刚开始的20个月，父亲成为孩子的基本游戏伙伴，20个月的婴儿对父亲的游戏明显地感兴趣且反应积极；30个月以后，父亲则成为主要的游戏伙伴，这时的婴儿能兴奋、激动、投入、亲近、合作而有兴致地和父亲一起游戏，他们会把父亲作为第一游戏伙伴来选择。

2.父亲帮助孩子形成积极的个性品质

在现代社会中，父亲是促进孩子形成积极个性的关键因素。理想的父亲通常具有独立、自信、坚毅、勇敢、敢于冒险、勇于克服困难、富有进取心、富有合作精神、开朗、大方、宽厚等个性特征。孩子在与父亲的互动中，一方面接受影响，并且不知不觉地学习、模仿；另一方面，父亲也会有意识地要求孩子具有以上特征。如果孩子在5岁前失去父亲，对他的个性发展会非常不利。孩子年龄越小，对他影响越大。没有父亲的孩子缺少克服困难的勇气，具有较多的依赖性，缺乏自信心、进取心，同时在控制冲动和道德品质的发展上也会产生不利的影响。

3.父亲能提高孩子的社交技能

父亲是保持家庭与外部社会联系的"外交官"，对孩子社交需要的满足、社交技能的提高具有极其重要的作用。随着孩子渐渐长大，与外界交往的需要日益增多，父亲成为孩子重要的游戏伙伴，扩大了孩子的社交范围，丰富了孩子的社交内容，满足了孩子的社交需要。同时，父亲和孩子的交往可以让孩子汲取更多、更丰富的社交经验，掌握更多、更成熟的社交技能。当孩子在和父亲的游戏中反应积极、活跃时，那么他在和同伴的交往中也会较受欢迎。因为父亲影响了他的交往态度，使

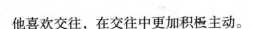

他喜欢交往，在交往中更加积极主动。

4.父亲能使孩子性别角色正常发展

社会处处存在性别暗示，即使是给孩子的玩具，也会有"男孩的"与"女孩的"之分。在儿童性别角色发展中，不论是对男孩儿还是对女孩儿，父亲的作用都似乎更大一些。这不得不归功于母亲与孩子的"亲密无间"。父亲与孩子的距离使孩子在与父亲的游戏中渐渐意识到自己的性别身份：父亲常常和男孩子打闹，称他为"男子汉""哥们儿"；却对女孩子非常温柔，抚摸她的小脸蛋，称她为"小公主"。

5.父亲能促进孩子认知发展

由于父亲在性格、能力等方面的独特性，特别是父亲与孩子在交往上的独特性，使孩子从母亲和父亲处得到的认知上的收获是不完全相同的。从母亲那儿，孩子可以更多地学到关于语言、日常生活知识、物品用途、玩具的使用方法等；从父亲那儿，则可以学到更丰富、更广阔的知识，比如认识自然、社会的知识，并通过操作、探索花样繁多的活动，逐步培养动手操作能力和探索精神。孩子的想象力因此受到刺激、变得丰富，并愿意动脑，更加有创造意识，他的求知欲和好奇心也同步发展。可以看到，孩子将来在社会生活中需要的知识、沟通技巧都受到父亲的影响，而且这种影响力是持久的、牢固的。没有父亲的孩子，常常会感到不安、自卑，也不愿意与他人交流，常常生活在压力之中。

正是父亲，为孩子的成长撑起了一片天空，在他还没有能力经受风雨的时候，给他时间成长筋骨、养精蓄锐。所以，对任何一个家庭来说，父亲的作用是不容忽视的，而且只有父亲与母亲合作，互相取长补短，才能保证孩子健康地成长。

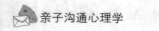

【沟通心理启发】

在家庭中父亲扮演着很重要的角色，他是孩子的一片天，孩子认为爸爸是无所不能的，同时也是家庭中的顶梁柱，对外保持工作和社交，对内要帮助孩子建立良好的积极的亲子关系。父亲在帮助孩子建立耐心和勇敢、坚强的性格有着不可替代的作用。

珍惜孩子的好奇心

好奇是孩子的天性，也是孩子的可贵精神。这种天性不应该因为有些特立独行就被扼杀，反而应该在保证他安全的前提下，好好加以引导，让他充分发挥自己的天性，获得自由健康地成长。

作为一个好爸爸，我们有职责好好保护这种好奇心，并且让它得到充分地展现和发挥。那么，我们应该怎么做呢？

1.保护孩子的好奇心

当孩子提出某个我们难以回答的问题时，要有耐心地积极引导。你可以先把你所知道的知识告诉孩子，然后再引导他自己去寻找答案。

然而随着年龄的增长，人的好奇心在慢慢消退，人们开始对周围的事物漠不关心，没有了探索和求知的兴趣。对于孩子的淘气，成人不能理解，于是或严厉斥责，或置之不理。殊不知，孩子正是通过他的淘气行为在探索、检验自己的一些异想天开的想法呢！这些想法和行为就是孩子好奇心的表现。而大人的粗暴、忽视、干涉和误解会在很大程度上伤害孩子。长此以往，有可能使孩子失去探索周围事物的兴趣，变得麻木不仁，失去强烈的求知欲望。这样的结果是为人父母者都不愿意看到的，也是违背我们教育孩子的初衷的。

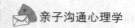

2.鼓励孩子积极探索

好奇、好问、好动是孩子的天性，我们应加以爱护，并给他们充分的自由，允许他们大胆地去想象。即使产生了一些稀奇古怪的想法，也不能盲目否定，而应采取他们能理解的方式，耐心解答，共同讨论，或提出问题引导他们继续思索。

比如有个父亲，一天孩子问他，"学校一个同学说宇宙有黑洞，而这些黑洞很可能就是时光隧道，人们可以通过它去往想去的时代，真的是这样吗？"父亲也不知道答案，于是说："据我所知，黑洞在宇宙间是存在的。至于它是不是时光隧道，我也不是很清楚。你上网查一查，好吗？"孩子自己走到电脑前，查了一下相关的知识。虽然并没有找到确切的答案，不过却了解了很多和宇宙相关的知识。

这个父亲就通过自己的方式很好地保护了孩子的好奇心，而且通过积极引导，鼓励他继续探索，并了解了相关的知识。

3.为孩子提供动脑、动手的机会

根据孩子模仿性强、好动的特点，可以让他们利用手边的工具，充分运用各种感官，自己观察，自己动手操作，让孩子体验到一种成就感和乐趣。他们对于自己动脑筋想出来、自己动手做出来的东西，有一种偏爱和特殊的兴趣，因而类似活动有利于激发起他们强烈的好奇心和求知欲，从而逐渐培养起学习兴趣。

孩子由于好奇自然会提出一些问题，这时，我们应该注意倾听孩子的问题，积极地引导，尽量满足孩子的好奇心，培养孩子独立思考的能力，为孩子提供动脑、动手的机会。这样，孩子就能在不断地动手和思考中增强创新能力。

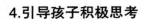

4.引导孩子积极思考

在现代信息高速发展的社会，孩子接受新鲜事物快，好奇心强，喜欢独立思索，敢于发问，这是一件好事。如果发现孩子们对一些事情感兴趣，就应因势利导，启发他们去积极思考，培养孩子们的好奇心与探究精神。如：你想想，这是为什么？

5.不能挫伤孩子好问的积极性

孩子的个性尽管千差万别，但是有好奇心却是孩子的共性。好奇心是孩子求知欲的最直接反映，越是聪明的孩子，好奇心越强。保护孩子的好奇心不是一句空话，爸爸要理解孩子。如果孩子看到新鲜好奇的东西，而爸爸表现出漠然的样子，就可能会冷了孩子的心。

孩子的好奇心有时会冲破父母的知识范围，这是很正常的。爸爸对孩子的发问一时答不上来，可以先不回答，等通过查阅资料后再告诉孩子，千万不能不耐烦！或者饭桌上爸爸回答不了孩子的问题时，就用"吃饭吧"来加以搪塞敷衍。有的家长甚至面对孩子提出的问题不经意地说"怎么连这也不懂啊"，这也是不对的。即使孩子因好奇而惹了麻烦或做错了事，父母也要耐心地对其进行正确引导。

好奇心是孩子们的天性，也是他们敢于探索新知、敢于创新的动力。创造精神就像是一双巨大的翅膀，能带领孩子在知识的天空里展翅翱翔。父母可从保护孩子的好奇心开始，培养他们的创造精神。强烈的好奇心能使孩子产生学习的兴趣，孩子只有对学习产生了兴趣，才能从学习中体验到快乐，才会热爱学习，并主动学习。

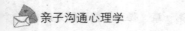

【沟通心理启发】

　　好奇心是孩子在遇到新奇事物或受到外界吸引时所产生的注意、提问等心理特点。在成长过程中会不断提问为什么，这时候作为父母就应该积极地去解决孩子遇到的问题，让孩子养成遇到问题就能解决问题的习惯，而不是孩子问的时候，父母视而不见，这样会使孩子逐渐的失去好奇心。好奇心越大，孩子的求知欲越旺盛，在后期处理问题的能力就越强。好奇心也是他们在学习时的动力之一，是创造性人才的重要特征表现。

吃得"甘"中苦成为自立人

所谓"可怜天下父母心"。天下父母都希望能够把最好的东西给孩子，都希望能够让孩子得到最好的照顾，过上最舒适的生活，顺顺利利地长大。

不过父母的这一愿望却往往会和现实规律相违背。因为过于舒适、顺利的环境并不适合孩子的成长，也不能让孩子具备将来抗击风雨、自我独立的能力。相反，只会让孩子在将来竞争激烈的社会当中迅速被淘汰。

就像培育花朵，那些放在温室的花朵看起来鲜艳美丽，但是却经不起外界风雨的任何吹打。一旦失去了温室的环境，它就会立刻干涸、死亡。

而那些从小成长在野外的野花，却经历了风吹雨打，任何障碍和风雨都不能阻止他们成长，反而会使它们成长得更加旺盛，开出更多的花朵。

所以，要想让孩子更好地成长，仅仅给他们"甜"是不够的，还要让他们适当地吃一点"苦"。

生活的艰难正是孩子成长所必须经历的，也是成长所必需的营养。如果真的是想让孩子好，就应多创造一些机会让孩子自己去体验生活的艰辛，历练他的意志，让孩子独立思考。

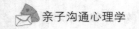

那么，父母应该如何去引导孩子，训练孩子的吃苦精神和抗打击能力呢？

1.放手让孩子去尝试失败

很多父母会告诉孩子，这个不能做，那个不能做。他们认为自己知道孩子没有这方面的天赋，如果做了一定会受到打击。但是，这些父母可曾想过，这也正是训练孩子抗打击能力的好机会，就是要让他尝试什么是失败，这样，他才能够更加珍惜成功。

所以，不妨就给孩子一个机会，让他试试。虽然可能结果会让他感到难过，但是如果他自己通过努力克服了这次打击，便会获得成倍地成长，会让他一生受益。

有个男孩子，从小很喜欢唱歌。看到市里举办儿童歌曲大赛，他也要报名参加。他的爸爸知道孩子并没有唱歌的天赋，而且也知道这种比赛获奖者一般都是从小经过专业培训的孩子，但是他仍然帮孩子报了名。果然，孩子刚进入第一轮就被淘汰了。他十分难过，坐在一旁哭泣。这个时候爸爸走过去说："孩子，虽然你被淘汰了，但是在爸爸看来你有勇气参赛就已经很了不起了。而且在以后的人生道路上，这样的情况还有很多。但是只要你敢于挑战、敢于参与，就算是一种成功和胜利。爸爸永远支持你。"

这个孩子后来在其他的领域发挥自己的特长，最终成为一个著名的音乐制作人。

敢于让孩子面对失败，就是训练他走向成功的开始。爸爸只有放手让孩子尝试失败，才能够让他尽快地成熟、成长。

2.通过各种方法让孩子学会自立

很多时候，父母喜欢为孩子做一些决定，这样很容易造成孩子对父母的依赖心理。想要让你的孩子成长、独立，就应该让孩子自己拿主意、做决定，不要剥夺他们独立思考、亲自动手的机会。

阳阳是家中的独生子，所以从小就深受家人的宠爱，而阳阳在家人的悉心关怀下，性格变得优柔寡断，爸爸看着不断长大的阳阳，觉得这样不利于孩子今后的发展，所以，就开始有意识地培养阳阳的自立能力。

阳阳想利用周末时间报一个习法学习班，但是不知道选择哪一家学习班好，他拿不定主意，就来征求爸爸的意见。爸爸意识到，孩子已经长大了，应该有自己的想法了，一些事情应该自己拿主意，于是，把选择的权利交给了孩子。阳阳没了依赖，只能自己收集不同书法班的资料，然后一条条列出学习班的优缺点，左右权衡、分析利弊之后，最终选择了离家比较近的一家学习班。

由此可见，在日常生活中，父母要让孩子学会自己独立思考问题，学会自己处理一些事情，而且要培养孩子遇到事情不是去依赖父母，而是通过自己的思考、分析，最终解决问题，以此培养孩子的自立能力，逐渐摆脱对父母的依赖。

3.让孩子勇于尝试挑战

心理学中有一个概念叫作"奖赏效应"。奖赏效应是指当人们作出某一决策后，如果被证实是正确的并产生了好的结果，大脑会向负责决策的区域发送"奖赏"信号，这一过程的认知能力形成良性循环，就是奖赏效应。

这个概念虽然不那么通俗，但是道理很简单，简言之，就是当遇到新的改变或者挑战的时候，希望大家改变思维模式，勇于面对自己，越害怕越要勇敢尝试，这样才能成功。

莎士比亚曾说："本来无望的事，大胆的尝试，往往能成功。"是啊，"与其临渊羡鱼，不如退而结网"，在头脑中想无数次，不如上手做一次。只有不惧挑战，勇于尝试，才是走向成功的第一步。"中国铁路之父"詹天佑的故事我们耳熟能详。正是因为他敢于尝试的勇气、不惧苦难的决心，中国人才有了独立设计并建造的第一条铁路。

对于勇敢的人来说，尝试是一条通往成功的路；对于怯懦的人来说，尝试则是一道难以逾越的墙。所以，不要拘泥于现状、别被暂时的困难打倒，转变思维，迎接挑战，也许万事开了头儿也就不难了。

不敢尝试，不过是害怕自己做不好，要勇敢地在日常生活中多多展示自己，培养信心，增加成就感，帮助你克服害怕的心理。上课时也要多举手回答问题，积极主动地参加学校的活动，展示自己的同时又可以收获赞赏。

长时间处于同一种环境中，是大多数人的生活状态，不用迎接挑战，也不用尝试新事物。这样可不能让自己成长，举个简单例子：你在做数学练习题的时候得心应手，却对英语望而却步，可不停地做数学卷子并不能提升你的总成绩，只有全面提升才能让自己更加出众。

4.不断磨炼自己的意志

毛主席曾经说："文明其精神，野蛮其体魄"。身体是知识的载体，只有健康的体魄，良好的心理素质，才能使我们更好地工作和学习，才能迎接各种困难和挑战。

很多体育锻炼都有需要不断克服的困难:比如游泳、跨栏等难度大、技术性高、危险性大；长跑中的极点、动作的难度、恶劣的气候、主观的畏惧心理等。这些运动项目是培养机智勇敢、自我忍耐力、竞争意识和顽强意志品质的重要途径。每前进一步，都必须付出最大努力去克服一个又一个生理和心理上的困难，胜利也常常取决于"再坚持一下的努力之中"。因此，长期、系统的体育锻炼能有效地磨炼人的意志。

研究发现，一个爱好运动的人，行动往往快速而敏捷，且抗挫能力强，他们做事情总会显示出和他们奔跑时勇往直前的劲头儿，遇到挫折也能微笑面对。同样在学习上，他们会发挥体育锻炼中的坚持不懈、勇于拼搏的精神，和同学比学习的努力程度、学习其他同学有效的学习方法，并奋力追赶跑在前面的同学，奋力提升自己。

提高参加体育锻炼的积极性，在体育锻炼中享受乐趣、增强体质、健全人格、锤炼意志！

想要在体育锻炼中磨炼意志力，需要明白一些基本体育常识，例如运动前要做热身，运动后要拉伸、补充水分等，但挑战一些条件更高的体育活动，要遵守相关规定，在体能承受范围内坚持，一次次突破自己，才能练就强大的意志。

【沟通心理启发】

孩子在成长阶段免不了遇到困难挫折，这时候也是培养其坚强自立的最好时机，当在遭遇到打击时所承受的抵抗能力，与他们在平时成长中的认知水平、生活经验、环境以及性格有着密切关联。无论是成人还是孩子，在成长中都不可能是一帆风顺。我们不提倡苦难教育，但是我们要培养孩子抗挫折能力，让孩子在战胜挫折中成长。如果孩子从小有这个体验和认知，相信在未来人生中，经历重大挫折时，他们肯定会成为一个不被打败的勇者。这个时候也就是他们真正站立起来的时候了。

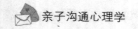

让冒险成为成功的契机

在人类发展进步的过程当中，总是伴随着各种各样的冒险。其实人类最初直立行走，开始到处寻找栖息地和食物，就是一次冒险的旅程。也是在各种冒险当中，人们才不断地了解世界、了解未知，文明开始产生，社会开始发展。

同样，一个人一生当中也可能经历很多冒险。一个不敢冒险、循规蹈矩的人是永远不可能有任何成就的。凡事只有敢于去做，敢于去挑战，才能有机会获得成功。

作为爸爸，就是勇气和胆量的象征，而冒险精神是爸爸应该赋予孩子的最基本的特征。鼓励孩子迈出脚步，鼓励他们去按照自己的想法做事，让孩子敢于冒险，是一个好爸爸的职责所在。

那么，作为一个爸爸，我们应该怎么引导和鼓励孩子的冒险精神，让他们充满自信和勇气呢？

1.给孩子鼓励让他自信

培养孩子的冒险精神是非常必要的，是很重要的一件事情。我们应该经常鼓励孩子，告诉他：你是很强大的，你是有力量的，你可以做到一些事情。应该尊重孩子，不是让孩子按照我们给他们规定的模子去做，而是把他们当作和我们同等的人去看待。

当然，鼓励冒险，绝不等于提倡蛮干。对于成功者而言，冒风险的前提是明了胜算的大小。在做出冒险的决策之前，不要问自己是否能够赢，而应该问自己是否输得起。一点儿把握都没有就去盲目冒险，那么他的胆量越大，赌注下得越多，损失也就越大，离成功也就越来越远。

2.放心让孩子去做

陶行知先生早在半个世纪前就指出：教育孩子的全部奥秘就在于相信孩子和解放孩子。我们也可以把这话概括为赏识和信任孩子。作为父母，不可轻易问孩子：你能行吗？这事你做不来的，还是等你长大再说吧。这样的语言很容易伤害孩子的自信心，从而让他对自己的能力产生怀疑。

当孩子兴致勃勃地做某件事的时候，父母要做的事情，除了确保安全之外，就是对孩子放手，给他创设一个宽松、自由发挥的空间，让孩子独立、勇敢地去做他想要做的事情。

让孩子接受冒险锻炼，有助于培养孩子的耐力、速度、灵敏、协调、柔韧等身体素质，有助于培养孩子在困难面前冷静地动脑筋想办法的习惯，更可以培养他们的社会适应能力。人生的旅途往往不会一帆风顺，而挫折和苦难是促进孩子成长的催化剂。

因此，父母应该有意识地对孩子进行冒险锻炼，即创造一定的环境对孩子进行意志品质的锻炼，让孩子能够坚强勇敢，沉着冷静，培养孩子克服困难、不怕挫折的品格。

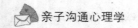

【沟通心理启发】

"冒险教育"有利于孩子的成长，恐怕很多父母会对此持怀疑态度，但不可否认的是孩子成长中很多危险境况是需要孩子自己去处理的。作为父母为什么不能用"一定的危险"去教育孩子呢？在对孩子进行冒险教育的时候应将危险系数降到最低，让孩子放心去冒险。在冒险时，让孩子自己去判断是否应该做，加上家长的正确引导，用正确的探索方式去应对。

第二章

做孩子的领航者

　　无论是在学习路上还是在生活的路上，有了父母的关怀，孩子才能更加勇往直前，父母是孩子成长路上不可或缺的领航者。好的父母，会不断探索，帮助孩子向前行走得更好。想要成为好的父母，就要从生活、学习上关心你的孩子，才能让你的孩子更加奋发向上。

帮助孩子轻松学习

相信每个家长都不愿意看到孩子变成一个"书呆子"，费了工夫还拿不到好成绩，谁都愿意看到孩子能够轻松地获得好成绩。那么，我们告诉你们，找到正确的学习方法就是轻松获得好成绩的关键。这就像一把钥匙和一把锁，如果你用的钥匙不对，即使是你费九牛二虎之力，还是打不开锁。但是如果你用对了钥匙，只要轻轻一扭，锁就被打开了。学习也是如此，只要找到正确的方法，你就能轻松应对了。

但是同时，我们也必须承认，正确的学习方法并不是那么容易就找到的。它是在孩子不断地学习过程当中，通过领悟、感受努力尝试之后找到的。它不仅需要孩子自身的探索、教师的辅导，也需要家长的参与。

要帮助孩子找到正确的学习方法，可以参考以下建议：

1.帮助孩子确定正确的学习目标

要让孩子明白，学习的目的不是应付考试，而是为了拥有知识，为了自我发展。在这个基础上，引导孩子进行有目标地学习，学习才会充满动力。有人拿终日绕着磨盘转的驴子和走万里路取经的马作对比，驴子和马走的路程大抵相等，那是因为两者每天都没有停止过频率相同的脚步。但是马因为有明确的目标，每天按照既定的方向前进，所以走出了广阔的世界；而驴子终日围着磨盘打转，永远也走不出那个狭隘的天地。为了考试而学习的孩子，就如同被蒙上眼睛绕着磨盘转圈的驴子，而为了获取知识和自我发展而学习的孩子，才是那匹取得真经的马！

在学习的过程中，首要的一点就是要确立目标，而且是明晰、科学的目标。

现在，在一些孩子的心目中，写作文不是为了获得老师的评语和高分，而是为了自如地表达自己的思想；学英语不是为了考试时流畅地填写答卷，而是为了日后可以轻松阅读英文和用英语交流；做数学题，不是为了如何提高自己的做题速度以应对越来越多的习题和试卷，而是为了提高自己的运算能力、锻炼自己思维的缜密性、解决日常生活中时常要遇到的数学问题。所以在这些孩子的眼里，学习是一件让自己受益无穷的事情，也是一件快乐的事情，因此学得有力量、有干劲。

2.给孩子提供在实践中学习的机会

给孩子提供在实践中学习的机会，也就是说要有实践的意识。有人想成为演讲家，于是买来一摞一摞的理论书籍，潜心研究如何演讲，结果掌握了一大堆理论知识、要领、须知，可是从未张嘴演讲过，所以他永远也成不了演讲家。

学习亦然。在实践中摸索获得的经验和技能，才能让知识真正运用于学习和生活中。因为知识不仅仅需要知道和牢记，更重要的是要会运用。发明家爱迪生，如果从文凭和学历来说，他不是高级知识分子，但是他所掌握的知识是灵活有效的。

所以，父母要让孩子尝试着用所学知识解决各种问题，并在实践中收获更多知识。

3.要对孩子因材施教，引导孩子因材而学

每个孩子都是独立的个体，既然是独立的个体，自然每个孩子都与

众不同。所以，要充分尊重孩子的个性，引导孩子进行个性化的学习。

父母要在对孩子的教育中注重因材施教，对每个孩子都施以适合他的教育方式，并教会孩子因材而学，那么，每个孩子才会拥有自己擅长的技能，才能走出一条适合自己的成功之路。

【沟通心理启发】

孔子在教育学生的时候，曾说过"因材施教、有教无类"这样的话，而我们作为父母，更应该知道自己孩子的兴趣爱好和特点，针对其特长和弱点分别进行教育。合理计划学习时间、玩乐时间以及实践的机会，让孩子有一个不一样的学习氛围，可以涉猎到更多的知识，拓宽孩子的眼界。父母是孩子的第一任老师，在这里就显得尤为重要了。

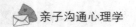

保护孩子的想象力

想象力是孩子的天赋能力，关于这一点，大人们都自愧不如。

孩子们童真的脑袋里总是充满了对世界的各种想象，而这种想象正是很多发明创造的来源。所以，我们要尊重孩子们的想象力，鼓励他们发挥想象，让自己的天性得到充分地展现。

对于孩子的培养，父母不仅仅要能够引导他们学习现有的知识，更重要的是能够引导他们开创新的领域，解开更多未知的世界之谜，而想象力就是进行新知识创新的必要武器。

21世纪是开创人类创造力的世纪，将孩子培养成创造型、开拓型的人才，这是时代赋予教育的历史使命，所以，要尽早地为孩子插上想象的翅膀，激活孩子的想象力，培养孩子的想象力。那么，父母该如何去引导和保护孩子的想象力呢？

1.注意捕捉孩子鲜活的思维

每个人都有想象力，只是由于被开发和培养的程度不同，一些人的想象力被扼杀了，而一些人则被很好地开发出来。所以，在家庭教育过程中，父母要注意捕捉孩子鲜活的思维，并保护孩子的想象力，而不应限制孩子的想象力，扼杀孩子的独特个性。

有一次，一位教育学家在《三湘都市报》接听读者热线时，一位青年爸爸因无法打进热线，直接驱车带着四岁的儿子来到报社，向专家历数孩子的种种不是。专家让他举个例子，他说，好好的报纸被儿子撕成一条一条，还兴高采烈地展示给他看，并说这是他做的面条！结果当然是不仅没有得到赞赏，还挨了一通训斥。

专家对这位爸爸说，你不经意间的一通训斥，可能就扼杀掉了一个未来的发明家，甚至是诺贝尔奖获得者，因为你的训斥很残忍地扼杀了孩子可贵的鲜活的思维。在孩子眼里，那些普通的纸条是自己通过劳动创造出来的面条。一个四岁的孩子，有这样丰富的想象力，难道不值得表扬和赞赏吗？可是，爸爸的眼睛只盯着报纸，只心疼好好的报纸被孩子撕坏了。殊不知，他撕坏的却是孩子正在萌芽的创新意识和想象力。

所以，注意捕捉孩子的鲜活思维，保护孩子的想象力，父母自身的素质很重要。父母不仅要有敏锐的内心，及时捕捉到孩子头脑中闪光的东西，还要有打破思维定式、摒弃传统思维的头脑，这样才能对孩子的独特思维报以褒奖和肯定，而不是加以训斥和扼杀。

2.放飞孩子想象的翅膀

孩子们的想象力和创造力是需要培养的。

有个孩子写日记喜欢天马行空地幻想。蚂蚁微小，恐龙巨大，孩子对这两个小到极致和大到极致的生物极感兴趣，他的日记常常是以蚂蚁和恐龙为主角的。他笔下的小蚂蚁能造机器，恐龙则能把地球抱在怀里，保护着地球免受小行星的侵袭。

我们要尊重孩子尽情想象的权利，放飞孩子想象的翅膀，孩子将来才能展翅高飞。

3.童言无忌，让孩子异想天开

当孩子说出一些显然不合现实，甚至有些荒唐的话时，千万不要去笑话他，或者加以斥责。父母应该很认真地听取孩子的发言，问："你为什么要这样说？这样想？"并且，还可趁机引导孩子更进一步地拓展话题，延伸想象。

当孩子画出与众不同，甚至有点乱七八糟的画时，父母应先了解画的是什么，听听孩子的想法。不要一看画得不符合大人的欣赏标准，就训斥："你画的什么，这么难看，这么乱？"看孩子的画，不能以画得像、画得好为标准，应着重看孩子的想象力和创造力的表现情况。所以，不管孩子画得怎样，自然有他的想法，父母一定要肯定孩子的成绩，鼓励孩子进步，并适时对孩子进行指导。

童趣无价，童言无忌。孩童时期是培养想象力的最佳时机，孩子奇异丰富的想象往往可孕育成奇妙的创新。可以说，任何创新都萌芽于看似幼稚的异想天开中。当面对孩子神奇丰富的想象、充满灵气的妙答时，父母应该像保护眼睛一样保护孩子可贵的想象力。

对孩子的教育要顺乎天性、崇尚自然，尊重孩子的想象，无论它是怎样光怪陆离，都要尊重孩子自由幻想的权利，这是对孩子创造力的最大保护。

玩具和游戏材料是引起孩子想象的物质基础。要多为孩子提供各种不同的游戏材料和玩具，以促使孩子去做相应的游戏，产生丰富的想象。例如，一组几何图形可促进孩子的自由想象，进而能组成自己喜爱的各种形状与物体。要为孩子提供半成品的材料，让孩子在制作过程中加工、制造、想象。在游戏中，要启发孩子积极主动、生动活泼地去想象。比如，在孩子玩过家家时，你假装着摸布娃娃的肚子，故作惊讶地说：呀！这孩子怎么肚子疼啦？那么，孩子就会围绕布娃娃为什么肚子疼的问题展开无穷的想象。

没有幻想能力和想象力的孩子是幸福感不高的孩子。作为父母，应当尽可能地保护孩子的想象力，设法鼓励他们展开想象的翅膀。当孩子提出我们不能回答的问题时，更不要为了掩盖自己的无知而压制孩子的想象力，而要坦然面对未知的世界，鼓励孩子多学知识，长大了好破解难题。

【沟通心理启发】

让梦想插上翅膀，让孩子充满无尽的想象力，这恐怕也是父母的希望吧。想象力对孩子的重要性有多重要呢？它可以直接影响孩子的创造力和实践力。想象力不是单纯的想入非非，而是能让孩子的思维更活跃，也是抽象思维的基础，孩子语言、认知的发育培养都是建立在这个基础上的。在语言表达沟通能力上也会快人一步。教育专家尹建莉曾说："孩子想象力不用培养，只要不加以限制，对孩子的发展就不会'拖后腿'，家长适当放手，就是一条黄金法则。"

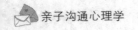

培养孩子的阅读兴趣

著名文学家高尔基曾经说过，"书籍是人类进步的阶梯"。一本书中记录的思想足可以让你明智，让你开阔视野，让你有所感悟。书籍是记录人类历史的载体，是传播人类文明的媒介。

读书的过程，也是一个不断自我修炼和提升的过程。当你不断和书籍进行思想碰撞的时候，你的智慧和能力同时也在不断地增长，你的头脑也会变得越来越聪明。

可是怎么做才能让孩子喜欢读书，让阅读成为孩子的生活方式呢？这个问题总是令很多家长头疼。因为生活中我们常常看到很多孩子都不愿读书、讨厌读书。在他们看来，读书是一件很枯燥的事情，有一点空闲时间，他们都用来看电视、玩电子游戏了。要看书，他们实在是静不下心来，也坐不住。

要培养孩子读书的兴趣，是一项长期的工程，不是一朝一夕能够做得到的，需要足够的耐心和信心。那么，父母应该怎样培养和提高孩子的阅读兴趣呢？

1.读书要趁早

对孩子读书兴趣的培养，可以从小开始。孩子十个月左右开始有意识的时候，就可以给他读一些绘本，让他通过图画和声音产生兴趣。到一岁左右的时候，就可以增加一些文字较多的书籍给孩子看，让孩子通过图文对比来获得信息，还可以无形中培养孩子认字的能力。这样，到五六岁左右，孩子就可以自己看各种简单的带拼音的漫画书和童话书了。随着孩子年龄的增长，他们读书的内容会越来越广泛，读书的能力也会一天天提升。

2.保证读书时间

读书贵在坚持，让阅读成为生活方式，是一个长期的过程。如果每天都给孩子一段读书的时间，哪怕一天只有十分钟，日积月累也会是一个惊人的数字。

3.营造读书氛围

读书需要有一个良好的氛围，只有如此，才能保证孩子心情愉悦、注意力集中地读书。所谓书香门第多才子，一个最重要的原因就是他们的家庭读书氛围好。如果父母是知识分子，本身都有阅读习惯，言传身教，自然能给孩子良好的影响。

4.多带孩子去书店

书店是一个让孩子零距离接触图书的最好去处。除此还有图书馆、书市等地方。这些地方浓厚的图书氛围就像气功的场，孩子去的次数多了也就产生了场效应。一来，让孩子感受到了浓浓的知识气氛；二来让孩子懂得世界上的书是读不完的，好书是源源不断地出现的；三来让孩子品味手抚新书、鼻嗅墨香的欣喜感觉，以培养对书的感情。

5.感受到读书的乐趣

孩子之所以喜欢玩游戏，是因为游戏让孩子感到快乐。那么要想让孩子喜欢读书，也要让孩子感受到读书的快乐。首先要给予孩子鼓励，尤其是在孩子向父母谈及读书的一些感受的时候，一定要不失时机地给予孩子以鼓励。其次要给孩子感受读书快乐的机会，比如带孩子参加读书活动比赛，当孩子有一些收获的时候，及时给孩子肯定等。还有，当孩子在认真看书的时候，父母不要去打搅他，更不要根据自己的兴趣对孩子提出一些要求，因为这个时候孩子正沉浸在享受读书的乐趣中，你要做的是分享这种乐趣，而不是破坏孩子的心境。

6.不断更新观念

在引导孩子读书的同时，父母也不能忘了给自己充电。不要将视线集中在与课本有关的课外书或者文学名著上，而对自己不了解的书则一律禁止。"两耳不闻窗外事，一心只读圣贤书"的时代早已经成为历史。课本之外，别有洞天，让孩子对阅读产生兴趣，让孩子把阅读当做生活方式，那么就等于给了孩子打开知识宝库大门的钥匙，给了孩子翱翔广阔天空的翅膀。

读书可以影响一个人的人生，可以改变一个人的命运，请让你的孩子多读书。

【沟通心理启发】

阅读是一个人获取知识的主要途径之一，研究证明，早期阅读阶段会影响孩子未来的学习能力和水平。对幼儿进行早期阅读能力的培养很有必要，也是非常有意义的。到了小学和初中，阅读更是增加学识的主要途径，我们父母在培养孩子阅读的时候，不要孩子看书，你看手机，这样孩子也会有样学样。作为父母也应当放下手机拿起书，陪孩子一起阅读，让读书来影响孩子的一生。

培养孩子的远见能力

养育孩子是为了什么？当问到这个问题的时候，很多父母或许会思考良久。但是大多数人也许会说，"不为什么，当然就是为了孩子有一个美好的未来，有一个幸福的人生。"的确，孩子的未来是身为父母考虑最多的事情。

于是，很多父母为孩子报名校，报特长班，为孩子请家教，把孩子的节假日和休息日全部占满，整天奔忙于各种补习班和辅导班之间。他们认为，这样就能够保证孩子有一个好的未来，一个幸福的人生。

但是真的如此吗？

其实在很多父母心里，把孩子当成了给自己挣面子的工具。当别人的孩子考名牌大学，出国深造的时候，他们就觉得必须让自己的孩子也如此，这样才觉得有面子。他们认为现在督促孩子多学一点，将来就能比别人更快一步，更早成功。

家长们这种"构想"其实是在让孩子成为自己愿望的牺牲品。

要想让孩子成才、成人，父母不能没有远见，要把目光盯在远处，也就是要为孩子确定人生的方向，用远大志向激发孩子，并要求孩子咬紧牙关、握紧拳头，顽强地朝着自己的人生目标走下去。没有这种品性的人，是绝对不可能成大事的，甚至连小事都做不成。

鲁迅说：生了孩子，还要想怎样教育，才能使这生下来的孩子，将来成为一个完全的人。高瞻远瞩，孩子会有更大的成就。

作为父母要有远见、有目的、有计划地为教育孩子设计蓝图，这是孩子成功的第一步。但设计的关键是尊重孩子的理想，父母把自己宝贵的人生经验传授给他们，引导他们向理想的方向发展。为孩子的教育设计了蓝图，但不要让孩子生搬硬套、按部就班、规规矩矩地去做。要根据社会动向和孩子的实际，做出恰当地调整。

成大事者都是具有远见的人，因为只有把目光盯在远处，才能有大志向、大决心和大行动。

如何站在高处，为孩子构建美好未来，做一个远见卓识的好爸爸？可以从以下几个方面做起：

1. 摒弃短视行为

现在，好多的父母有一个通习：喜欢在别人面前，拿自己的孩子和别人的孩子比来比去。或许家长这样做的目的，只是单纯地想让自己的孩子，向别人学习来取长补短，但是在家长的不知不觉中，已经伤了孩子的自尊心。

曾经有一个女孩，自尊心非常强，在盼女成凤的心理驱使下，她的妈妈抓住了她自尊心强这一特点，频频与别人相比较，希望自己的女儿努力学习别人向上走。

然而，在与别人做一番比较后，女儿却认为不如别人而意志消沉。她的妈妈没有理会女儿的伤心，相反变本加厉地说：看了吧，人家比你强百倍，将来该怎么样，你自己看着办吧。

她的女儿更加伤心了，每天琢磨着妈妈下一次会拿谁来和她做比较。这个女孩经过一次次的自尊心受创，从此心灰意冷，最终一事无成。

别把孩子比来比去行吗？孩子有自己的思想，有自己的认识，最重要的是孩子也应得到别人的理解和尊重。你的孩子就是你的孩子，他一定有自己的特点的孩子，他永远也不跟别的孩子一样。

每一个人都有他自己的成长过程，孩子的心理成熟显现出很大的个体差异。如果孩子经常处于被轻视、被当众贬低或受指责的地位，会使孩子产生自卑、对自己缺乏信心、胆小、畏缩的毛病。而且，时间长了，被贬的次数多了，孩子就不在乎了，也就不知羞耻了。孩子的不知羞耻，也会助长孩子不诚实和任性的毛病。

家长应该认识到，孩子的成长是一个长跑的过程，而不是短跑的过程；是全面的成长，而不只是某个方面的成长。

正是由于家长在其观念与行为上的短视，才直接导致了很多孩子缺乏理想，缺乏信念，缺乏约束，不知感恩，不仅养成了很多不良的习惯，更为严重的是养成了自私自利的性格。

2. 远见赢得未来

如果我们有远见，我们做事就会有目标，因为我们知道做这件事有什么意义，我们为什么要做，我们做了之后会有什么样的后果。这样的话，我们就能够从努力奋斗之中获得成就感，获得乐趣！

如果我们有远见，即使我们是在完成一件枯燥的事情，也不会觉得辛苦和劳累，而是对此充满激情和动力；即使是最单调的事情也能够给予我们满足感。

曾经有人问三个砌砖工人相同的问题：你在干什么？

第一个工人回答的是：我在为了拿工资而工作；

第二个人答道：我在砌砖；

而第三个工人则热情洋溢地回答说：我在建一座大厦！

同样的事情，只有第三个人的作为受到了远见的指引，从而干得有活力和动力。他看到了他为之工作的那个宏图大厦！从而赋予了他工作的价值，也赋予了他自己的价值，他也才能够活出自己的意义！

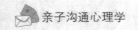

　　没有远见的父母是可悲的，因为他们的孩子毫无未来可言。要培养有远见的孩子，家长一定要有一双善于观察、善于发现的眼睛，要具有高瞻远瞩的战略目光。

【沟通心理启发】

　　有远见的父母，都懂得培养孩子的"底层能力"。同样的问题，有的孩子会用"一粒一粒"的数，而有的孩子则会用乘法算出来，本意不是让孩子去算得数，而是培养孩子们的解决方法能力和思维方式。而这里面思维方式是最重要的核心理念。他包含了思维逻辑、分析能力、创造力、好奇心、远见力和专注力等等。

第三章

做孩子的好朋友

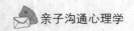
　　很多时候，孩子见到父母，就会感觉一阵儿紧张，为何会出现这种现象呢？也许，作为父母，你该改变一下了，试着成为孩子的好朋友，看看会有怎样的变化呢？

你也能成为孩子的朋友

很多年轻的父母抱怨说和孩子沟通越来越困难了。在很多家庭里父母和孩子就像是仇敌，见了面说不到三句半就吵起来。这些处在叛逆期或者被父母认为"古怪"的孩子常常让父母觉得筋疲力尽，不知道该怎么去教育、去沟通。

但是，父母可以反思一下，孩子在和其他人交流时，尤其是和同龄人交流时，是不是完全不一样。如果父母总是居高临下，不给孩子一个轻松平等的交谈氛围，伤到了孩子的自尊心，就会让孩子产生排斥感。

我们成年人也有朋友。我们和朋友在一起的时候是不是会用质问、训斥甚至命令的口气说话呢？如果是那样，那你的朋友一定都被吓跑了。可是为什么我们对孩子要用这么生硬的态度和口气呢？

所以，爸爸要想很好地和孩子交流，不妨走近孩子，放下家长的权威和架子，和他们像朋友一样轻松相处。

信任孩子，做孩子的朋友，能够激发孩子内在的动力，帮助孩子获得快乐的情感体验。孩子会在父母的信任和理解下，一步一个脚印地走向成功，实现自己的梦想。那么，父母应该怎么做呢？

1.放下身段做孩子的朋友

教育孩子的实质在于父母的自身教育。只有先教育好自己，才能教育好孩子。先做真正意义上的好父母，才能做孩子的好朋友。孩子成长过程中需要的是一位能够教给他判断、辨别和区分各种是非曲直标准的父母。既然为人父母，就要摆正自己在家庭教育中的角色位置，好父母不能缺位于孩子的成长，要抽出时间陪孩子，以孩子能接受的方式来教育孩子，要重视教育孩子的职责，真正对孩子起到引导作用。只有这样，才能当孩子的好朋友。

2.站在孩子角度理解他们

多数父母给孩子的印象是不苟言笑、不易接近的。这种印象无形中拉大了孩子和父母之间的距离。孩子觉得父母不会理解自己，和父母做不了朋友。为了改变这种印象，父母要随时设身处地地理解孩子，站在孩子的角度上考虑问题。

周秀今年上初中一年级，她有个很严肃的爸爸。每次考试结束后，爸爸都会看她的成绩单。如果周秀的名次上升了，爸爸就会很高兴，反之则会生气地批评她。这学期换了一位英语老师，周秀还没有完全适应，导致这次英语考试的成绩很不理想，但是她有信心下次考试时把成绩提上来。爸爸看到成绩单也不问她原因，直接就训斥周秀，打击了周秀学好英语的积极性。

父母要了解孩子的身心发展规律，关注孩子的情绪变化，要全面了解孩子的学习情况，不要以成人的眼光看待孩子，不要用简单粗暴的方式教育孩子，要用心体会孩子眼中的一切，这样才能正确地引导孩子。

3.和孩子平等相处

父母要想跨越和孩子之间的"鸿沟"，就必须放下架子和孩子交朋友，去了解孩子的内心世界，成为孩子的良师益友，这样，亲子关系才会更融洽。父母要把孩子当成独立的个体看待，允许孩子自己做决定，这是和孩子做朋友的基础。父母要放下高高在上的优越感和权威意识，放弃专制的管教方法，心平气和地与孩子交流，采用恰当的方式教育孩子，这样才会取得理想的教育效果。

4.重视和孩子的心灵沟通

孩子的心灵是敏感的，父母要想和孩子做朋友，尤其要重视和孩子心灵上的沟通。父母要做到真诚地和孩子沟通，通过多和孩子接触谈话、游戏等方式增加和孩子之间的相互信任。

董彦的爸爸妈妈离婚了，她好像变了个人似的，整天无精打采。

董彦的成绩本来就不理想，现在更差了。爸爸平时忙着工作，没有注意到孩子的情绪变化。董彦体验不到来自家庭的温暖和心灵上的呵护，竟得了抑郁症。爸爸这时认识到自己教育的失误，于是主动减少了工作量，特地请假一周带孩子出去旅游。在旅途中，爸爸主动谈起和妈妈离婚的事情，董彦将自己心里的感受告诉了爸爸，爸爸也解释了很多问题。听了爸爸的话，她心里突然豁然开朗，体会到了爸爸的不容易。

父母要留意孩子的心理变化，用关爱去化解孩子的疑惑，稳定孩子的情绪，帮助孩子解决问题，和孩子建立和谐的朋友关系。

【沟通心理启发】

各位父母是不是已经有过很多这样的情景，就是孩子会说："这你都不懂？"一言不合孩子就不愿意跟父母进行深入的交流了，而是沉浸在自己的小世界里面，这时候该反思的是父母，而父母应该站在孩子的角度去考虑问题了，而不是以父母的口吻去发号施令，逼迫孩子去做一件他不喜欢的事情，孩子是一张白纸，他们的辨别能力不强，很多时候不知道什么是对还是错，父母应该学着跟孩子做朋友。理解他们内心的真实想法，从而去解决和处理孩子所遇到的困惑。

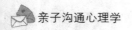

良好环境为孩子成功添动力

花朵成长离不开土壤，孩子成长离不开一定的家庭环境。好的家庭环境能让孩子成才，而恶劣的家庭环境却只能培养出人格不健全的孩子。

在现实生活当中，父母都希望自己的孩子能够健康成长。但是无形当中，却因为这样或那样的因素让他们难以维持好一个家，难以维系孩子成长的良好环境，导致孩子在学业上丧失信心和兴趣，对人生产生怀疑，这对孩子的心理健康和生理发育都极为不利。

家庭是孩子的第一成长环境，孩子小时大部分时间都是在家里度过的。家庭环境对孩子有着耳濡目染的影响。只有温馨、愉快的家庭氛围才是孩子健康成长的最佳环境。父母要为孩子提供整洁的房间、合适的光线、安静的环境，以保证孩子正常地生活和学习。父母还要积极营造和睦的家庭氛围，让孩子在和谐、温暖和相亲相爱的家庭环境中健康地成长。

那么，作为父母，如何为孩子的成长营造良好的环境呢？

1.为孩子提供一个良好的"硬环境"

父母要保证孩子生活和学习的地方是清洁、安静、明亮的，同时周边的环境应该是有秩序的，而不是凌乱的。

徐倩的家靠着菜市场，每天早晨徐倩都要被嘈杂的叫卖声惊醒，晚上回家做作业时市场还在营业，她根本没法安心学习。徐倩还有一年就要考高中了，她担心自己考不上。徐倩将自己的苦恼告诉了父母，父母理解孩子的苦衷，于是决定搬家。最近她家搬到了学校附近，周边环境安静整洁，徐倩学习时能静下心来，学习成绩也在不断提高。

2.保持家庭生活的美满和谐

家庭气氛和家庭成员之间的关系会影响到孩子性格的形成。一个充满敌意甚至暴力的家庭，不会培养出积极乐观的孩子。夫妻之间关系和谐，家人欢乐融融，在这样家庭环境中成长的孩子更容易拥有完善的人格。父母要处理好夫妻关系，还要处理好和孩子之间的关系，夫妻之间互相尊重，爱护孩子，不随意呵斥、打骂孩子，以平等的态度与孩子相处，保持家庭生活的美满和谐。

3.树立良好的家庭风气

好父母、好家风、会促进孩子的健康成长。良好的家庭氛围，是孩子最佳成长环境的重要组成部分，对孩子的身心发展有重要的影响作用。

魏强家每年都被评为"文明家庭"，这是因为他家里有着敬老爱老的良好家风。魏强的外公外婆年纪大了，爸爸就把他们接到自己家里照顾。前段时间，外婆得了场大病，几乎丧失了劳动能力。遇到妈妈出差，爸爸就请假在家照顾外公、外婆。魏强看到孝顺的爸爸很辛苦，便主动帮助爸爸做家务，让爸爸感到非常欣慰。

父母要致力于树立尊老爱幼、以礼待人、乐观积极、努力上进、热爱劳动、勤俭持家的良好家风。使孩子在良好家庭风气的影响下，逐步提高自身素质。

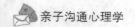

4.为孩子提供个性化的成长空间

父母要营造家庭个性化的氛围，家庭成员之间和睦相处，但都有自己的独立空间。孩子的生活和学习的内容、时间安排等都应按照孩子个人的实际情况来调整，父母不能像监管犯人一样来管自己的孩子。家庭应当是缓解孩子疲惫身心的场所。父母要尊重孩子的自由，让孩子在家庭中体会到理解和信任，不能一味地要求孩子顺从自己的意愿。另外，父母要为孩子提供一个能激发他潜能和创造力的生活、学习环境，多给孩子买一些书籍和学习用具，这对促进孩子的智力发展有很大的帮助。

【沟通心理启发】

"孟母三迁"的故事说明了外部环境对孩子成长有着极大的影响。而家庭环境对孩子的影响一样是重要的，一个不和睦的家庭会让孩子失去学习的动力，每天内耗与争吵，一个安静祥和的家庭会给孩子带来稳定而愉快的学习氛围。对性格养成、学习效率提高都有着极大的帮助。父母陪着孩子每天阅读一些书籍，不但可以让自己增加阅读面，还可以让孩子培养孩子的阅读兴趣。更能让父母与孩子之间的关系更为紧密。

注重赏识教育

心理学家说："人性中最深切的本质，是被人赏识的渴望。"表扬是肯定、强化孩子好的思想、行为，鼓舞、帮助孩子建立自信，促使他们获得喜悦、满足、自尊、自我欣赏等情感体验的重要方法。

赏识教育，就是用肯定、赞美、鼓励来建立孩子的信心，让他们激发对事物的兴趣，为他们指引正确的行为导向，纠正他们的不良行为，让他们获得良好的心灵体验，从而能够使他们在较短的时间内取得更大的进步。

但赏识需要把握好尺度，不能过分。否则，不但收不到良好效果，还会使孩子产生反感。

一个小男孩正在练字，写得歪歪斜斜。但爸爸为了鼓励他，就表扬说："写得真好看，比我写的字还好看。"谁知儿子眼睛一翻："爸爸你撒谎。撒谎不是好孩子，你写的比我的好看。"

给予孩子真诚的赏识，比任何其他方式更能激励孩子的上进心，比任何教育秘诀都有效。懂得赏识孩子的父母是最有智慧的父母。孩子具有无限的潜能，头脑中充满创造性的火花，只要父母给予赏识，孩子就能发挥自己的最大潜能，踏上成功之路。孩子在成长过程中会出现各种各样的错误，这都是正常的，这时父母应该多发现孩子的优点，不要揪着孩子的缺点不放，这样孩子才会感受到父母的赏识和爱，并能自觉地

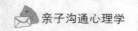

改正错误。

那么，父母应该如何对孩子进行赏识教育呢？下面有几点建议：

1.从内心接纳自己的孩子

赏识教育的实质是尊重和理解孩子。如果父母能够站在孩子的角度上考虑问题，学会换位思考，许多的问题就会迎刃而解。孩子刚出生时，父母会因孩子的到来而快乐，但是随着孩子年龄的增长，父母的心态发生了变化，他们不再感激孩子带来的快乐，而是把眼光盯在了孩子的表现上，于是种种不良情绪就产生了。父母要改变自己的心态，理解自己的孩子，欣喜孩子的每一次进步，这样，教育效果才会更加明显。

2.学会积极地比较

积极地比较是赏识教育的主要方法。只有赏识孩子的父母才会将孩子做积极的比较。许多父母喜欢拿自己孩子的缺点和其他孩子的优点比较，又不能对比较的结果进行一分为二的分析，只看到别的孩子的长处，看不到自己孩子的优点，动辄批评、指责孩子。这对于孩子的自尊心是一种伤害。父母要从内心接受自己的孩子，将孩子现在的表现和以前的表现做比较，看到孩子的进步适时地鼓励孩子，孩子也会在父母的鼓励中不断进步。

3.珍视孩子的每一次小进步

每个孩子要想达到所期望的目标，都需要一个很长的过程，不可能一蹴而就，因此对于孩子的每一次进步，父母都应该细心地发现，并及时给予鼓励。只有这样，才能让孩子获得良好的情感体验，促使孩子发扬优点和改正缺点。孩子希望自己的每一点进步都得到父母的肯定，可是有的父母不会站在孩子的角度想问题，总是用大人的标准要求孩子，导致孩子很多时候都难以达到父母的要求。这样一来，孩子就很难看见自己的进步，就会产生自卑的想法，从而丧失前进的动力，对生活和学习产生不利影响。

4.掌握赏识孩子的艺术

有的父母赏识、赞美孩子的方式千篇一律，以至于习惯成自然，起不到赏识教育的目的了。父母要学会赏识孩子的艺术，对孩子进行建设性赏识，这样才会帮助孩子取得更大的进步。当孩子出现了所期望的行为时，父母要赏识其行为，而不应该以偏概全地表扬孩子，对孩子的赏识应该是客观的、真诚的。父母赏识孩子的方式不仅仅是通过语言上的表达，也可以包括非语言的表达。对待不同年龄段的孩子，父母要懂得赏识孩子在每个成长阶段中所呈现的各种不可思议、独具想法的行为。

【沟通心理启发】

赏识强调的是发现孩子身上的优点，对其多加鼓励，孩子能在情绪上得到满足，学习时能保持愉悦，孩子在感觉、知觉、记忆、思维上都会处于活动状态。成长过程最佳状态就是快乐，现在有些父母看到孩子做错一点事情就会吵得很凶，这样会让孩子感觉做错一点事情就被这样教训，那在以后做事情中就不敢放开手脚去做。清代颜元曾说："数子十过，不如奖子一长。"所以父母要改正自身看问题的方式，全面了解自己的孩子。

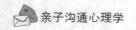

给孩子一定的自由

我们在很多时候都能够尊重他人的自由，但是在家庭教育当中，很多父母却忽视了孩子的自由。

现在的孩子多是独生子女，父母出于对孩子的爱，会为孩子做好很多事情，为孩子设计好未来。孩子在这样的教育下，只会逐渐丧失自主的能力，无法适应社会发展的需要。给孩子适度的自由，是孩子身心健康发展的需求。教育学家研究表明，孩子在成长过程中，需要离开父母的视线，开拓出属于自己的时间和空间，通过自由支配时间和自主安排生活，来促进其身心的健康发展和各项素质能力的提高。

孩子最终是要走向社会的。现在社会所需要的人才必须具有独立意识、自己解决问题的能力。如果父母一味地溺爱孩子，包办孩子的所有事务，就会抹杀孩子的自主意识。这里要提醒父母的是，自由是建立在尊重孩子客观发展规律上的：当孩子需要寻求自我发展时，不阻止他；当孩子说话时，不打断他；当孩子做决定时，给他自己选择的机会。父母只有尊重孩子，给孩子行动的自由，让孩子的思想、双手、时间、空间获得自由，孩子才会发展出独立的人格，进而发展自由的思维，自觉地决定自己的行为，培养自己的责任感，养成良好的个性品质。

那么，如何给孩子自由呢？

1.让孩子自己选择爱好和兴趣

孩子有自己的爱好和兴趣，他们有发展自己爱好和兴趣的权利和自由。孩子对于有兴趣的事情往往会投入更多的精力。如果，父母为孩子安排好一切，只会束缚孩子的发展，严重的还会造成孩子的逆反心理。父母要尊重孩子的选择，细心呵护孩子的兴趣和爱好，将做决定的权力交给孩子，并对孩子进行适当的指导，这样孩子的各项潜能才会得到更大限度、更加持久的发挥。

2.给孩子自由的时间

有的父母喜欢什么事情都替孩子办好，以为这是爱孩子，其实这是摧残孩子独立性的体现。父母为孩子做好或是安排好一切，孩子只会按照父母的要求被动地去执行，独立意识和创造性都会受到压抑。因此，父母不要按照自己的想法，将孩子的时间排得满满的，而是要给孩子可以自己支配的时间，让孩子学会将学习和玩乐的时间分开，并逐步锻炼自我控制的能力。

自由发展的空间对于孩子十分必要。孩子的成长需要一个宽松、开放的环境，父母对孩子指导太多或是约束太多，都不利于孩子健康成长。

3.给孩子自由的空间

自由发展的空间对于孩子来说十分必要。如果条件许可，父母可以为孩子单独划分出一个自己的房间，让孩子拥有一个可以安心学习和娱乐的空间，孩子会在自己的空间里自由地想象，发展动手能力，发泄自我感情、调整情绪，学会自我控制，培养自己的独立性。

【沟通心理启发】

自由的玩耍可以培养孩子的社交能力、创造能力和组织能力。现在孩子们的时间可能会排的满满当当，学习、培训、兴趣班等，作为父母应该学会让孩子适当的放松，减少孩子们的焦虑情绪和对抗情绪，给孩子一个自由的时间和空间，让他们去做一些喜欢的事情，适当地放松对孩子的管教，让他们体会到属于自己的自由时光。

第四章

陪孩子一起玩

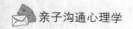

　　对于孩子来说，玩是天性，也是不能被剥夺的权利，但是，在很多父母的眼中，孩子爱玩成为了一种罪过。其实，让孩子拥有一个快乐、幸福的童年生活，是每一个父母都应该做到的事情，要知道，只有心中快乐的孩子，才能更好地走向成功。所以，从现在开始，要成为孩子的玩伴，陪着孩子一起玩耍，建立亲密的亲子关系。

玩和教育相结合

说到教育，很多父母想到的就是怎样想方设法提高孩子的学习成绩，给他报几个课外辅导班，学习一些特长等，似乎教育只是和学习有关。

但是，学习知识只是教育的一个方面，教育应该是从生活的各个层面入手，玩也是教育的一个主要方面，是孩子接受知识最快的方式。如果能够把孩子的教育和玩结合起来，收到的效果可以说是事半功倍的，这是真正的寓教于乐。

真正优秀出色的父母是不会让自己的孩子每天只面对着枯燥的书本的，在单调的学习当中，他们会用丰富多彩的方式，把孩子的学习变成一种乐趣，让孩子在玩中吸收知识，从而使他们在各方面得到提高。玩和学习是统一的，有益的玩就是学习，而科学的学习就是玩；玩可以促进学习，而游戏化的学习可以让学习变得轻松、愉悦。

对于孩子来说，玩是最开心的事情；而对于父母来说，玩也是最佳的教子方式。孩子通过游戏可以学到多少知识、增长多少能力，这些是无法用数字来计算的。

那么，我们该怎么把孩子的玩和教育结合起来，让孩子从中受益呢？

1.玩出独立能力

每个孩子长大后都要独立地面对社会，他们能否形成独立的人格品质，是他们能否在未来竞争激烈的社会中生存和发展的重要问题。所以我们应该从小培养孩子的独立能力，让他们养成自己的事情自己做、敢于独立地解决各种问题的习惯。

2.玩出健康心理

健康的心理对一个人的成长和发展有多重要，已经无须赘言。只是很多父母感到茫然，如何培养孩子健康的心理？又如何让孩子在快乐中健康成长？最简单易行的方式，就是把孩子带入到各种游戏中。

比如，集体游戏可以让孩子学会合作和宽容，懂得竞争的重要，明白合作是获得胜利的保证，游戏中的快乐会让孩子心里充满了阳光，而快乐的情绪对孩子形成乐观豁达的性格很有益处。

孩提时代的心路历程是一个人一生的情感底色。孩子拥有了快乐的童年，就等于买了一份终身的精神保险。

3.玩出坚强意志

未来社会的竞争是激烈的，如果孩子没有坚强的意志品质，没有较好的生活能力，那么将来他们很难从事一些竞争性很强的职业，也很难坚强地面对人生风雨。所以我们应该注意让孩子从小就接受一些意志品质方面的训练，使他们能够养成敢于和困难做斗争，并敢于克服困难的意志品质。作为父母，可时常带孩子去爬山、徒步远行，或者进行一些较量意志的游戏。不知不觉中，孩子的韧劲、不服输、能吃苦的劲头就会越来越足了。

4.玩出创造力

有很多游戏是需要一定技能技巧和丰富想象力的，所以，在游戏中，孩子运用知识技能和灵活处理问题的能力不仅能够得到锻炼，而且会激发孩子无限的创造力、创新力。比如孩子酷爱的做手工游戏，不仅锻炼了他的动手能力，而且在制作过程中，孩子会不断有新奇的想法和创意，使得手里的小手工独具魅力。比如用普通的纸折出飞机，是一种创造；而在飞机上吊降落伞，延长飞机降落的时间，则是一种更智慧的创造。这样的玩比在课堂上坐着背定理记公式要有意义得多。

玩要就如一块投入海洋中的海绵，有无尽的甘霖供孩子汲取。所有教育尽在简单的游戏中。所以就让孩子去玩，而且要教孩子更好地玩。父母要学会鼓励孩子聪明、巧妙、愉快地玩，不仅应该重视孩子的智商、情商，也要发展孩子的玩商。

【沟通心理启发】

优秀的父母不会一味的强求孩子不停地学习，一定要学会让孩子劳逸结合，既能让孩子在学习中得到放松，又能在玩乐中释放学习压力，还能培养孩子在以后的成长中的不放弃的性格，学到解决问题的其他途径。

做孩子的玩伴

如果父母能抽出时间和孩子一起玩，并利用玩耍时接触到的事物和材料，对孩子进行因势利导的教育，这样，孩子不仅能在轻松愉快、无拘无束的氛围中不知不觉地获得许多知识和经验，而且也避免了因缺少与同伴交往而产生的孤独感。

对父母来说，和孩子一起玩，孩子的良好情绪往往会冲淡自己在外因工作等方面原因而造成的不良情绪，还可以从中体味到童年的美好和亲子之情，并能从中发现孩子的兴趣、特点，更好地引导孩子潜能的发挥。

在与孩子一起玩的过程中，父母还应该多动用自己已经成熟的洞察力，去发现怎么做会使孩子在与自己玩的游戏中更快乐、更尽兴。以下是几点建议：

1.做孩子最好的玩伴

父母与孩子玩时，既要作为长者加以指导，又要放下架子做孩子的真正伙伴。例如，玩看病的游戏，孩子肯定愿意当医生，父母就可以当病人。有时"医生"不知该说什么时，父母就可以提醒他该吃药了或给开个药方等。还可以按照图画书里的人物来扮演角色，例如：讲《小兔子乖乖》的故事时，爸爸与孩子可以分别扮演大灰狼和小白兔，孩子在轻松愉快的气氛中，提高了口语表达能力及复述故事的能力。

还有一些适合小孩子玩的游戏，比如成语接龙、投色子、五子棋，都可以结合到学习当中，让孩子在玩乐的时候增长智慧，锻炼脑力和反应能力。

2.做手工让孩子心灵手巧

常常听到有父母指责正做手工的孩子：瞎忙活什么？有那时间看看书，多做两道题！每当这时，我们总为这样的家长感到遗憾，因为他不仅仅驱走了孩子此时萦绕于心里的快乐，而且毁掉了孩子进行动手能力、创造力、想象力训练的机会。

一个人具备怎样的想象力、动手能力以及创造力，决定着他具备怎样的综合能力。一个只会做卷子背课文的学生，只是书呆子，不会成为一个创造型的人才。

要实现脑手身结合，最好的选择就是鼓励孩子多做手工。因为，通过手工操作完成作品的过程，需要孩子思维、观察、判断、决策、美学、操作等多方面的共同配合才能完成自己喜爱的作品。只有如此，孩子的创造力、动手能力以及想象力才会得到充分的训练和提高。

3.玩游戏不一定花费很多

有的父母认为，要让孩子玩得开心，就要舍得花钱。多投点钱，给孩子多买点高档玩具，请个陪玩的也可以，总之，投入越多，孩子自然越高兴。但是如此说来，是不是贫困家庭里的孩子就与快乐无缘，就玩不起了？想想我们的童年，连饭都吃不饱，玩具是什么都不知道，可我们不是一样很快乐吗？我们耽误玩耍了吗？当然没有，一块泥巴、一根树枝、一颗石子，都是我们最好的玩具，都能带给我们很多的快乐。

所以，玩耍与金钱多少并无太大的关系，尤其是一些室内的玩耍。这种游戏经常可以在电视、网络当中学习，也可以自己创新。快乐是人们最真实的情感体验，不是靠物质金钱就可以得到的。所以，想要孩子快乐，不是父母从口袋里掏钱就可以做到的事情，请多抽出时间，和孩子一起玩游戏，你会发现你在游戏当中变年轻了、有活力了，而孩子也更加喜欢你、亲近你了。总之，陪孩子玩游戏的好处多多，快去尝试吧！

【沟通心理启发】

我们常说父母是孩子的第一任老师，但也别忽略了父母也是孩子的第一个玩伴，在孩子的成长中，父母的陪伴是非常重要的，爸爸偏向勇敢，有着外向型的社交性格，妈妈偏向细腻，有着细致入微的观察特点。爸爸和妈妈的不同角色都是可以培养孩子多种性格的最佳人选，也是孩子从小到大形成良好的心理素养的重要因素。

陪孩子进行合理的体育锻炼

要知道，对于人生而言，身体健康是第一位的。没有一个健康的身体，前途、工作、事业都毫无意义。只有身体健康，才能享受生命的快乐，才能真正体验人生的成功和幸福。孩子是否拥有健康的体魄是关系到他们未来前途最重要的事情。孩子是未来的建设者和接班人，如果没有好的身体，他们如何接过建设国家的大任，如何去走向社会工作？

作为父母都希望孩子成龙成凤，都希望孩子身体健康，也都明白只有健康的身体，孩子才能有好的前程。但我们身为父母，往往倾向于孩子的营养，倾向于孩子的智力开发，却忽视了孩子的体育锻炼，忽视了增强孩子的体质。儿童时期正是养成自觉锻炼身体习惯的好机会，如果错过了，随着年龄的增长，由于受旧习惯的干扰，新习惯就很难形成。儿童时期也是人体形态发育的重要时期。这一时期生长发育的好坏，对人一生的体质和体型都有很大的影响。因此，父母带孩子进行合理的体育锻炼，有着特殊的意义。

那么，怎么让孩子"玩"出健康的好体魄呢？

1.提高对孩子体育锻炼的认识

如今很多家庭只有一个宝贝，因此比较娇惯。有个别家长别说户外体育活动，平时连走路都不太舍得，生怕累坏孩子。如果孩子在户外活动中摔一跤，那更是心疼得不得了。有些家长认为自己的孩子体质弱，累坏了要生病。甚至有个别家长认为，有些爬、翻、滚的动作不但危险，还会把一身干净的衣服弄脏。还有的家长认为户外体育活动就是玩玩而已，还不如写写字、看看书有用。家长对体育活动意识的淡薄，使得现在的孩子非常缺少锻炼的机会。

但事实上，大多数孩子天性好动，真正不爱运动的孩子只是很少一部分。体育锻炼是一项父母和子女可以共同参与、亲力亲为的活动。体育锻炼的过程，既是培养孩子吃苦耐劳精神、磨炼意志品质的过程，也是孩子体会公平竞争、团队精神、人际交往的过程，是孩子宣泄不良情绪、克服焦虑、享受体育带来的欢乐和愉悦的过程，更是父母了解孩子、引导孩子、加深亲情、加强沟通的一个互动过程。

2.重视日常游戏对孩子锻炼的重要性

游戏是孩子体育启蒙的第一课，游戏可使孩子聪明伶俐、身体健康。游戏的目的不仅在于增强体力，更是使孩子们的四肢得以均衡使用，从而有效地弥补孩子们在日常生活中，因为单一的活动对大脑的不均衡刺激，促使大脑全面发育。尤其是在婴幼儿快速生长时期对孩子身心发展更为有利，将使孩子终身受益。

1～5岁是幼儿感觉运动发展的最佳时期。此时有目的、有计划地发展幼儿的感觉和运动，不仅对大脑是良好的刺激，能提高大脑对全身各器官系统的支配能力，还能促进运动神经的发展。

其中，1～3岁可选择的游戏有手指体操、捏橡皮泥、踢定点球、踢滚动球、侧滚、驮物爬、两腿两足夹物走、拍球等；3～5岁可选择的游戏有各种曲线跑、各种躲闪游戏、跳皮筋、伸展性体操、单足站立、学骑自行车、跳房子、跳绳等。幼儿玩耍各种套叠玩具、穿绳玩具、积木、积塑等，有助于锻炼小儿肌肉动作和手指的灵活性。

3.根据孩子的年龄特点合理安排运动量

幼儿正处于生长发育阶段，不要一味地追求运动的强度，而要根据孩子的年龄特点、兴趣和需要，选择适合他们年龄段的、自己喜欢的、有条件的，并能坚持下去的游戏或运动。父母在与孩子共同的体育锻炼中，对孩子要少批评、多指导、多肯定、多鼓励，营造一种宽松和谐的气氛。

儿童要想锻炼好身体，必须掌握科学的方法和正确的原则。根据孩子生理的基本规律和年龄、性别、体质的状况等具体情况和客观条件，选择合适的项目，并在一定原则指导下，合理安排运动量，有计划地进行体育锻炼。幼儿年龄较小，自觉性较差，家长必须予以正确的指导。一般情况下，家长应该每天陪孩子至少一个小时的时间专门进行户外游戏或锻炼身体，并长期坚持。

4.体育锻炼是孩子长身体的必需

体育锻炼也是有助孩子长高的重要因素之一。经常在阳光下进行体育锻炼，不仅可获得充足的阳光照射，而且通过跑、跳等动作对骨骼进行机械刺激可以加强骨骼的增殖能力，从而使骨骼的生长发育加快，但要注意不可过于疲劳。

据世界卫生组织对儿童发育统计资料表明：春季是儿童身体发育生长最快的时期。这是因为继寒冬的休眠和春天的复苏之后，自然界的万物在春暖花开、艳阳高照中进入生长发育的高峰。人类，尤其是儿童也有同样的效应，因为骨骼的生长与光照时间有密切的关系。

父母应经常带孩子到户外进行活动及体育锻炼，享受充足的阳光照射，让孩子跑一跑、跳一跳，这对骨骼中的骺软骨能起到机械挤压的刺激作用，使骺软骨周围的血流量加快，能量供应增多，这样一来骺软骨的增殖能力得到增强，骨骼会生长发育的更快、更结实。经常带孩子锻炼身体，会使你的孩子身体长得更高、更壮、更健康。

【沟通心理启发】

运动对孩子身心塑造具有非常的意义，同样在心理上也有着不可忽视的作用。父母在陪孩子一起锻炼的时候，孩子的身体得到锻炼也会让孩子在这个过程中克服自卑感，增强自信心，也对孩子的抗打击能力进行了锻炼。除了大脑协调性的锻炼，也对其性格和意志得到历练。孩子的好动是天生的，作为父母应该加以引导，让孩子能养成坚持锻炼的好习惯。

带孩子参加户外活动

现在的孩子多被关在屋子里，其实，他们更需要户外活动，将自己投身于广阔的天地和大自然当中，去尽情地玩耍、感受。

户外活动对于孩子的身心健康发展都起到十分重要和关键的作用。我们应该多带孩子到户外运动。作为父母，经常组织一些家庭的户外运动，让全家人在广阔的大自然、在热闹的游乐场所体会全家人玩耍的乐趣，既可以让孩子的身心得到放松，又让全家人的感情更加亲密。

可是有些家长说，我们也想让孩子多到户外走走、去旅游，但是我们的工作忙，经济条件也有限，无法满足孩子的愿望啊。

其实，这是对户外活动的误解，也有很多花费并不高的户外活动，比如周末带着孩子去爬山，或者带他们到郊区的农田、果园去采摘、吃农家饭，这些都是不需要昂贵消费的，但却是很有乐趣的户外活动，一样能够让孩子享受到大自然的乐趣。

即使在都市当中户外活动的项目也很多。比如，全家人到公园去，找个风景优美的草坪，带一些各自喜欢吃的方便食品，谈天说地、打牌、唱歌，也是很经济且很好的户外活动形式。

所以，父母不要因为经济原因就放弃全家户外活动的计划，只要肯用心，即使没有钱也能带给孩子很多快乐。

下面是带孩子进行户外活动的意见，供大家参考：

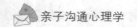

1.多带孩子去凑热闹

现在很多城市每年都要举办一些大型活动，比如农博会、汽博会、食博会、啤酒节、服装节、艺术节，还有规模很大的书市、文化节等活动，父母都可以带上孩子去玩。孩子观赏着农博会上各种奇异的农产品，吃着食博会上来自全国各地的美食，翻阅着书市上琳琅满目的图书，还可以和参加文化节活动的人们一起载歌载舞。孩子不仅仅获得了快乐，而且收获了书本上学不到的东西。

2.多带孩子去乡下玩

对于出生、成长在城里的孩子，乡下是一片神奇的土地。单一的乡村生活和单一的都市生活都是极为贫乏的。从没有都市生活体验的人，视野狭窄，思维简单。而从没有乡村生活体验的人，终日蜗居斗室或者穿梭在钢筋水泥的丛林中，从学校到家里，从家里到学校，单一的生活方式、枯燥的学习内容、无处不在的喧嚣，快乐、阳光都被锁在格子间之外，挡在两点一线之外了。

乡下有潺潺的溪流，有漫山遍野的花草，有唱歌的小鸟、潜游水中的鱼儿。孩子到了乡下，他的心会因为天地的广阔而快乐地无拘束地舞蹈，会因为天蓝水清泥土芬芳而变得润朗、有灵性，会因为人们的淳朴善良而越发宁静豁达。

到了周末，不妨带着孩子到乡村，让他光着脚丫在田埂上奔跑，让他在清澈的溪水里嬉戏，让他看看美丽的田园风光，这将对他的成长大有裨益。

3.鼓励孩子户外玩耍

对于孩子而言，户外玩耍益处更大，不仅对开发智力有好处，而且对孩子的身体健康、视野的开阔都有积极的影响。属于孩子的户外玩耍可谓包罗万象，无所不在，如垒沙包、放风筝、溜旱冰、打陀螺、滑雪爬犁等。

放风筝是一项孩子和成年人都适合的运动，尤其是对于一些长期伏案工作的人，更应该多放放风筝，这项运动有助于预防颈椎类疾病，放风筝还可以训练孩子的耐心，一次放不出去来两次，两次不行三次，直到风筝成功升天为止。

要鼓励孩子户外玩耍，但是父母也要注意：户外玩耍一要根据孩子的年龄特点和身体状况，不可揠苗助长；二要保证孩子的安全；三要尊重孩子的喜好。

【沟通心理启发】

户外活动可以享受和欣赏到阳光和美景，作为父母应以个体或群体的方式陪同孩子进行共同参与，既满足了孩子的运动天性，也增加了对大自然的亲切感，适当的冒险是对孩子是极为有利的，可以增强体质。孩子多接触阳光还可以促进血液循环和新陈代谢，有利于生长发育，增强人体功能。

第五章

做孩子的"保护伞"

　　父母应该是孩子学习的榜样，给孩子撑起一片天空。父母一定要成为孩子的"保护伞"，只有这样，孩子才有勇气和力量一直走下去，才能更加勇敢地面对挫折和困难。

给孩子撑起一片天

对于一个孩子来说，他需要家庭的照料，因为他还没有生活自理和自立的能力。作为父母，有义务和责任将这个时期的孩子保护在自己的臂膀之下，及时驱赶他们身边的危险，驱除可能给他们成长带来的隐患，让他们感觉到安全、温暖，能够快快乐乐、平平安安地成长。

其实父母的角色，保护者的内涵往往大于其他内容。这一点十分关键，也是做好父母的标准和要求。可以试想一下，如果父母连自己的孩子都保护不了，让孩子经常被外人欺负或者伤害，那么，他们是不配做父母的。

那么，父母该如何扮演好孩子"保护伞"的角色，让孩子顺利安全地成长呢？其实这并不难，只要能够时刻让孩子感觉到有我们在他是安全的，让他感觉到父母对他的呵护和爱护，让他产生信赖和依赖，就是合格的父母。

当然，保护孩子不仅仅是对外界危险状况的防范和抵御，还有对孩子的心理保护和关爱，这两方面是相辅相成的。下面就如何充当一个"保护伞"的角色给诸位父母提供一些建议：

1.拿出做父母的勇气

保护孩子，一定程度上是对父母勇气的考验。能否给孩子提供安全保障，关键在于父母有没有将孩子的安危时刻记在心上。也许很多父母说，"孩子的安全我当然会记在心上。"但是未必每个父母都能做到在孩子需要保护的时候挺身而出，因为现代社会各种压力负担较大，成年人往往会因为不得已而屈从于一些现实的状况。如为了维护自己的面子或者为了维护自己的利益，有时候难免会忽视了孩子的安全。有的父母可能是为了维护家庭的和谐，在没有弄清事实真相的情况下，就用家长的权威对孩子施以恐吓和镇压，伤害了孩子的情感。

其实合格的父母，是能够站在孩子的角度上去处理事情的。他们会排斥一切可能给孩子带来危险和不安的因素，不惜付出其他代价，也要保护好自己的孩子。当然，要做到这一点有时候很难，但是这正是父母伟大之处的体现。

2.消除一切令孩子感到不安的隐患和因素

很多父母非常粗心大意，往往对孩子周围的不安全因素和隐患没有事先做到防范，最终导致孩子受到伤害的时候才意识到，但是可能为时已晚。合格的父母，就是要事先将所有可能对孩子产生伤害的因素都考虑到，消除隐患避免孩子可能受到的伤害。

3.教给孩子一些防止意外和自救的方法

危险和伤害随时存在，我们不可能二十四小时都跟着孩子。在孩子外出或者独自行动的时候，很可能会遇到各种危险情况，那么，作为父母就有必要告诉孩子，在遇到这些危险情况的时候应该如何去面对。比如，有陌生人让你跟他走千万不要相信；不要随便告诉别人自己家庭的情况；在遇到打架斗殴等事件的时候，要及时躲开以防止侵袭到自己等。还有一些在灾难时的自救知识，比如野外受伤、自然灾害等情况到来的时候该怎么办等。

事先做到预防，那么孩子在真正面对这些情况的时候，就能够用这些方法和知识保护自己，将伤害减小到最低。

　　总之，需要父母对孩子的各种情况及时做出了解和判断，确保孩子的身心安全，尽力让他们远离那些可能产生伤害的环境，让他们得到应该有的安全保障。这是为人父母的职责所在，更是父母对孩子爱的体现。

【沟通心理启发】

　　孩子处于思想启蒙、人生观和世界观初步形成的时期，许多孩子会出现内向、孤僻、自卑、不合群、焦虑紧张和逆反心理，如果父母在孩子的身边随时观察和关心，就不会出现这样的问题。孩子的内心是柔弱的，在得不到关爱的时候很容易受伤，作为父母应该时刻关心和了解孩子的想法，用真诚和坦诚的话语跟孩子进行交流，为他们的成长撑起一把无形的伞。

让孩子信赖你

其实对于任何一个孩子来说，最先信赖的人就是自己的父母。所以，让孩子能够持久地保持一种信赖，任何事情都不能让自己的孩子失望，这是合格父母的基本要求。如果孩子不能信赖自己的父母，那么他将无法信赖世界上的任何人，而他的世界观和价值观将会倾斜和扭曲。所以，做一个让孩子信赖的父母，对孩子的成长来说十分必要。

很多父母并不在意维护和孩子之间的信赖，往往把自己对孩子说过的话当成"戏言"，说说就算了，很难兑现。时间长了，就导致了孩子对父母的失望，从而让孩子产生对整个社会的怀疑。他们会认为，连自己的父母说的话都可能是谎言，那么，这个世界还有什么人可值得他们相信的呢？长此以往，孩子的心理就会出现偏差。他在将来的人生当中也极有可能成为一个不讲信用的人，这个后果其实非常可怕。

孩子非常信赖你，对于你的承诺，孩子也会信以为真。如果父母无意中辜负了这种信任，必将对孩子造成深深的伤害。所以，当你因为忙碌而忘记和孩子之间的承诺的时候，当孩子质问你为什么将承诺忘了的时候，你一定要将真实的原因告诉孩子，千万别推卸责任和敷衍了事。

一旦父母失信，那么他在孩子心目当中的权威就会大大降低，在孩子心目当中的形象也会一落千丈。这样，以后父母要求孩子做什么事情就会十分困难了。因为孩子会认为你自己也做不到，没有资格来要求我。这样下去后果是十分严重的。

那么，如何在生活当中做一个值得孩子信赖的父母呢？

1.尽量记得你对孩子的许诺

现代都市生活压力很大，住房、医疗、孩子上学、老人生病等问题都压在中年人身上，每天有忙不完的事情等着人们去做。父母常常把对孩子的许诺当成是让他们听话和做事的诱饵，但是却常常忘记了兑现。但是父母不要忘了，孩子的成长是为人父母最为在乎的事情，如果因为我们的忽略而造成了他们心灵的缺憾，那么，即使将来有再多的时间和精力也无法弥补回来了。

所以，作为父母，如果太忙，就不要轻易对孩子许诺，但是一旦许诺，就应该牢牢记住，并且想办法兑现。只有这样，才不会让孩子失望，才能让孩子始终对你产生信赖。

2.说出的话就要做到

有的爸爸或许许诺的时候只是随口一说，只是希望孩子能够因为他们的许诺听话就好。但是真的实施起来，却发现完成许诺需要付出一定的金钱和时间的代价，他们就想对孩子敷衍了事。认为只不过是小孩子，没有什么重要的，他们很快就忘记了。但是其实孩子的记忆力是很好的，尤其是对于一些自己在意的事情，他们通常不会忘记。而你对他们敷衍了事，他们就会不再信任你说的话，进而也就不再相信你。

所以，对于说过的话，即使要付出一定的代价，对孩子的许诺也一定要做到，否则，你就会失去孩子的信赖，这是多少金钱也无法弥补的。

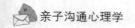

3.当承诺实在做不到时，要去弥补

当然，我们不可否认，大多数时候做父母的并不想对自己的孩子食言，但是往往因为工作、家庭等外在的原因，让你无法兑现对孩子的许诺。但是，这个时候，不要直接放弃对孩子的许诺，而是要找孩子谈话，并且要及时用孩子能够认可的方式去弥补。这样，虽然也可能让孩子失望，但是造成的伤害会小很多。

在生活当中也要想一想，是不是自己曾经尽力去弥补过对孩子的食言，是不是尽力去挽回过自己在孩子心目当中的地位和形象。如果你没有，那么如果孩子不再信赖你，不再听你的话，都应该是你的过错，你要好好在内心做一番检讨。

4.为孩子做一个好的表率

要想做让孩子信赖的父母，不仅仅只是对孩子的承诺要兑现，对孩子之外的其他所有人，也都应该做到信守诺言，为孩子树立一个诚信为人的好榜样。这样，你在孩子眼里才是一个光明磊落的人，是值得尊敬的人。而且，孩子也会因此而向你学习，成为一个言而有信的人。

想要得到孩子的尊重，就首先要严格要求自己，做一个言而有信、信守承诺的人。这样，孩子才能发自内心对你产生崇拜，也才能够始终将你放在心目当中第一的位置，以你为楷模和骄傲。

【沟通心理启发】

让孩子依赖自己，并不是让孩子失去独立发展的人格，而是因为孩子从出生阶段到学习成长这个漫长的过程中是与父母息息相关的。父母的每个品质都会影响到孩子后天品质的形成，曾子在教育孩子诚实守信的事情上就为后世父母做出了好的表率，对孩子说到做到，孩子在以后的成长中也会注重品格的养成。

爸爸也要认真呵护自己的孩子

在一般人的印象当中，爸爸往往扮演的是严厉说教的角色，而给孩子温柔呵护的往往是妈妈。但是其实，在孩子成长的过程当中，爸爸的呵护也是非常重要的。

爸爸的"呵护"并不是要像妈妈一样去嘘寒问暖，而是以一个爸爸的角度，从生活的细节当中更多地去照顾、保护自己的孩子，让自己的孩子在成长当中及时排解心中的不快，让他们更加快乐地成长。

的确，每个孩子失去了妈妈在生活上无微不至的照料都是不行的。但其实在日常生活中，爸爸总是能够从他们的角度去发现一些妈妈所不能察觉的问题，及时帮助孩子成长。所以，爸爸的角色是不可或缺、无可替代的。这种细微的观察和体贴对孩子也是一种保护，让他们避免因为自己的成长困惑而误入歧途，避免因为一些小问题而陷入巨大的痛苦。

所以说，呵护自己的孩子，不仅仅是妈妈的工作，更是爸爸的职责。一个合格称职的爸爸要能够从孩子的生理心理等各个方面去照顾、呵护孩子，才能让孩子充分感受到爸爸的关爱和照顾，才能让孩子在成长的道路上少走弯路。

那么，作为一个合格的爸爸，如何在生活当中更好地去呵护自己的孩子呢？

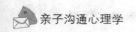

1.从男性的角度审视孩子的成长

男性和女性在生理和心理上有很大的差异。在对孩子的成长过程当中也会有各自不同的角度和看法。在很多时候，往往妈妈发现不了的问题和现象，爸爸却能够用自己男性的视角和观点去发现。所以，对于任何一个爸爸来说，要学会从男性的视角去审视孩子的成长，及时发现孩子成长过程中的问题，并且用男性独有的方式去解决。这对孩子的成长是十分重要而且非常有帮助的。

比如在矛盾的处理、人际的交往等方面的问题上，爸爸往往就比妈妈看得透彻、想得全面。在这些问题上就应该多发挥爸爸的优势，给孩子提供必要的帮助和建议，让他们能够正确认识问题，并且能够用合理的方法解决问题。

2.细致入微地去观察孩子的成长

男性一般比较粗枝大叶，不像女性那样细心，很容易忽视孩子成长中的一些小问题。但是往往就是这些小问题，可能正是导致巨大问题产生的根源。所以，做一个好爸爸，一定要善于观察孩子成长过程中的变化，让孩子能够在一些行为上很好地得到引导，从而更健康、更顺利地成长。比如，一个爸爸发现自己的孩子带了一把小水果刀在身上，也许其他爸爸就不会有什么疑虑，但是这位细心的爸爸认为孩子刚刚进入青春期，正是容易冲动的时候，带一把小刀在身上很不安全，于是，就让孩子把水果刀交出来，不许带到学校。并认真跟孩子谈心，倾听了孩子的心声，对如何处理同学之间的冲突进行了深入交流。

所以，爸爸也要学会去观察孩子的成长，注意孩子的一举一动，在必要时给予提醒和指导，这样才能避免孩子很多错误行为的产生。

3.用一些特殊的方式呵护孩子

爸爸的呵护不同于妈妈，爸爸往往是不动声色的，但是给孩子带来的却是更大的满足感和安全感。一个好的爸爸，懂得呵护自己的孩子，能够让自己的孩子避免受到伤害，但同时又能够让孩子保留自己的自尊心，这样的爸爸才是真正懂得呵护自己孩子的好爸爸。所以，爸爸的呵护有时候不会像母亲一样放在明处，而是经常能够在无声中表现出来，让孩子受益其中。

每个爸爸表达爱的方式不同，但是中心却都是一个，就是尽量保护自己的孩子，避免让他们受到伤害。

从现在开始，不要再认为呵护孩子只是妈妈的工作，也要学着从一个爸爸的角度去呵护自己的孩子，让孩子受到最好的保护吧！

【沟通心理启发】

心理学家认为，父亲在孩子的成长中扮演着重要的角色，父母多陪孩子可以更好地建立安全感和信任感，能促进孩子的情感和自尊心发展。相对来说，父亲陪伴孩子，孩子不会感到孤独和不安全。也可以培养孩子的独立性，爸爸的角色能让孩子更好地认知到性别身份和行为模式，更有责任心和自豪感。

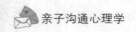

爸爸不能忽视对孩子的教育

父母的忽视是对孩子最深的伤害，会给孩子带来不安全感，使孩子产生焦虑、孤独等心理疾患。这类孩子容易形成性格缺陷，攻击性强，容易造成交往障碍。

父母因为工作繁忙，有时会忽视对孩子的教育，孩子长期被父母忽视，会觉得父母不爱自己，有一种被遗弃感，从而缺乏安全感。这样的孩子会比一般人显得更加焦虑，时常感到孤独。因此，父母再忙也不能够忽略孩子，不要让自己在孩子的教育过程中缺位。工作固然很重要，但孩子的未来同样重要。爸爸与妈妈任何一方，在孩子的教育中都占有各自的责任和义务，由于爸爸忽略了亲子关系的培养，就会把孩子推向妈妈，严重的会造成孩子的恋母情结，从而疏远爸爸。为了避免这一现象的出现，给爸爸们提供以下建议：

1. 做孩子心灵上的依靠

爸爸一定要成为孩子心中最坚强的依靠，让孩子能够感受到爸爸的强大，产生安全感。爸爸要让孩子认为自己是"英雄"，不要让孩子在爸爸印象这一栏里是空白。孩子缺乏安全感，就不容易对人产生信赖，这样不利于孩子的健康成长。

2.永远要将孩子放在第一位

工作是爸爸的重心，但是爸爸应该把孩子永远放在第一位。当爸爸把孩子放在最重要位置，孩子就会感受到来自爸爸的厚爱。

刘远很依赖爸爸，也非常爱他。爸爸时刻把刘远的事放在第一位。今天爸爸答应了要给他买《喜羊羊与灰太狼》的公仔，但公司要加班，下班时间到了，爸爸赶忙给刘远打电话，让他别等爸爸了。爸爸还嘱咐他，公仔爸爸中午已经买好了，让他早点安心睡觉。晚上爸爸回来后，刘远已经甜甜地睡着了，他就轻轻地把公仔放在了儿子的床头。

爸爸把孩子放在第一位，孩子会感受到这份重视，也会回报给爸爸自己的依赖和牵挂。这些情感互动会有利于孩子健全人格的形成。

3.多关怀孩子的心理需求

爸爸要用做朋友的心态来对待孩子，关注孩子的各种心理需求，履行好爸爸的职责。

黄莺看到她的好朋友都和爸爸一起去攀岩，也想让爸爸陪她去，可是最近爸爸很忙。她每次只能眼巴巴地看别人去玩，心里很失落。一个周末，爸爸看到女儿一直在叹气，就仔细询问了孩子，得知原因后说道："你怎么不早说，爸爸明天就陪你一起去。"黄莺高兴坏了，赶快去约朋友结伴同去。其实爸爸第二天有事，他不想让女儿失望，就悄悄推掉了安排。

4.多给孩子鼓励和关注

多给予孩子鼓励和关注，不要让孩子感觉到被忽视。孩子取得成绩时，爸爸要及时给予奖励，让孩子感受到爸爸关注自己的每一个进步。

陈乔恩想报名参加学校的模型大赛，爸爸听后大加鼓励。爸爸是一位工程师，乔恩想做一个飞机模型，他愿意全力支持。父子俩商定好方案后，就开始各项准备工作。整个过程中，爸爸尽量让乔恩多出力，他只做指导。陈乔恩在爸爸的帮助下，比赛获得了不错的名次。他很自豪有一个这么支持自己的爸爸。

爸爸对孩子的事情保持关注，并积极参与，经常给予鼓励，会给孩子带来前进的动力。爸爸的支持就是爱孩子的最好体现。

5.多花点时间去陪陪孩子

爸爸要多花时间陪伴孩子，才能增进对孩子的了解，进而关心孩子的成长。在陪孩子的过程中，给予孩子指导和教育，会让孩子成长得更健康、更茁壮。爸爸还要多花心思陪孩子，才能够让孩子感受关爱。如果爸爸只是敷衍地对待孩子，即使是有时间陪孩子，也不会让孩子感觉到被爱、被重视。因此，爸爸在陪孩子时要花心思，这样才能充分履行爸爸的教育职责。

【沟通心理启发】

父母如果忽略对孩子的教育，孩子在成长的道路上，就会遇到一些困惑。缺少父母的爱，孩子在心灵上就没了依靠，所以我们应多给孩子鼓励和关注。缺少父母鼓励和关注的孩子，会产生诸多问题。如：时间观念不强，自理能力差；看手机、玩游戏，没完没了；注意力不集中，写作业拖沓；不爱交际、不懂感恩，青春期叛逆等。让孩子感到我们一直在关心他们，自觉地去努力行动。

第六章

做孩子的好听众

　　在教育孩子的过程中，如果父母一直都是高高在上的角色，在面对孩子时，总摆出做父母的威严，那么，你的孩子是否不再像小时候那样，愿意告诉你他的心里话，面对你的责问和冷脸，他是否一言不发？其实，作为父母，你可以和你的孩子更加亲近，当你真正了解孩子的身心特点、打开孩子那扇心门时，你会成为孩子最好的朋友，也会成为孩子最好的听众。

平等对待你的孩子

很多人都非常重视家长权威，认为在家中一定要树立父母的权威。因此，在很多家庭，要爸爸妈妈平等对待孩子，我们还有很长的路要走。

父母不能平等地对待孩子，会导致孩子太顺从或太叛逆，二者都会影响孩子身心的健康发育。总是高高在上，总想把想法强加给孩子，这样的父母，是不受欢迎的。随着年龄的增长，孩子的自尊心也会增长，他们更渴望被平等地对待。父母若能放下架子，会让孩子感到亲切、自然，会更乐意听从父母的教诲。父母要想使孩子健康成长，就要给孩子创造一个民主、平等的家庭氛围。

平等才能使孩子的天性不被压抑，才能自然、健康地成长；平等才能够让孩子体会被爱，学会自尊、自重。父母原本是孩子心目中的"靠山"，如果不能平等地对待孩子，就容易让孩子陷入自卑、自弃的状态。孩子会加倍觉得自己是弱小的、无能的、不能够反抗的，这些心理会不利于孩子形成健全的人格。

那么，如何让孩子感到平等，受到尊重呢？父母应该做到以下几点：

1.切忌在孩子面前搞"一言堂"

父母切忌在孩子面前搞"一言堂"，让孩子丝毫没有发言权，只能遵从。交流双方没有平等的发言权，也就谈不上平等了。父母要给孩子说话的自由，孩子对任何事情都有发表个人见解的权利。

2.在孩子面前要勇于承认错误

面对自己的错误，很多父母喜欢摆架子、不承认。如果父母明明错了，还要坚持错误，不听孩子解释，就是一种不平等的压制。父母勇敢地承认错误，才是在平等地对待孩子。

刘洋的自行车坏了，他晚上回家告诉了爸爸。爸爸说："没问题，我待会儿帮你看看。"刘洋就去做作业了，正好邻居让爸爸过去玩麻将，爸爸就过去了。等到他晚上回来时，已经11点了，刘洋已经睡着了，爸爸也忘记了修自行车的事。第二天一大早，刘洋就问爸爸车修好了吗，爸爸才记起来，但他又觉得面子过不去，便说："忘记了就算了，你坐公交车不也一样吗？"刘洋看到爸爸的态度，独自闷闷不乐地去上学了。

父母在孩子面前犯了错，要勇于承认、道歉。如果父母觉得自己道歉太伤面子，就还是没有形成平等对待孩子的心态。答应孩子的事情就要做到，失信了也要给一个解释。只有做到这一点，孩子才会尊重你。

3.蹲下身来听孩子说话

爸爸在倾听孩子说话时，可以蹲下身来。当高大的爸爸和孩子平视时，孩子才会切实感受到平等和来自爸爸的尊重。

王熙的爸爸每次听他讲各种事情时都会蹲下身来。有时候，王熙还坐在爸爸的膝盖上玩。在王熙的印象中，爸爸从未站着听他说完一件事。他不怕爸爸，和爸爸的关系从小时起就很亲密。王熙的家庭氛围比较民主、开放，平时家里的大小事情都是大家一起商量，爸爸很尊重他，这让王熙对家庭事务的参与兴趣很浓。王熙是个有主见的孩子，对于自己的事情全权负责。

父母愿意蹲下身来和孩子说话，这不仅仅是一个"蹲"的姿势，而且是对孩子的一种"民主平等"的态度。父母愿意平等地对待孩子，会让孩子更愿意向父母倾诉心事，并从父母的建议中寻找克服困难的办法。

4.赞赏孩子的好提议

父母在与孩子相处时，会常碰到孩子有发表自己"意见"的时候。孩子的这些"意见"很幼稚，但父母不要不假思索地驳回，而应该仔细思考。如果发现这些提议中有可取之处，就要对孩子大加赞赏、支持。孩子的好提议得到父母的赞赏，孩子会更乐于参与到具体事务中来。父母给孩子一个平等进言的机会，就是对孩子最好的尊重。父母赞赏孩子的提议，是给孩子最好的奖励。孩子在父母的赏识、尊重中，才能够真正体会到民主、平等的感觉。

【沟通心理启发】

孩子是家庭中的一员，父母要尊重自己孩子，平等地对待孩子。在这种环境下成长起来的孩子才会更健康，可能大部分家长都以孩子小，总是以大人的口吻对孩子说话，这样是不对的。幸福的家庭肯定都是平等、尊重的，有什么事情都及时去沟通解决，而不是一言堂。父母应该了解和承受孩子的合理需求，倾听孩子真实的内心想法，更好地引导和协助孩子。

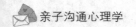

保护孩子的隐私

　　随意揭发孩子的秘密和个人隐私对孩子的伤害是巨大的，因为孩子会感觉自己的自尊心在揭露中被践踏了。父母要尊重孩子的秘密和个人隐私，不要随意伤害孩子。

　　孩子有了自己的秘密和隐私，是独立意识和自我意识觉醒的一种体现。进入青春期的孩子，在这方面的变化更加明显。父母不尊重孩子的秘密和隐私，会伤害孩子的心灵。孩子渴望被尊重、被承认，尤其是在面对自己的秘密和隐私时，更希望能够得到尊重和保护。孩子进入青春期后，会慢慢走向独立，隐私、秘密也会随之增加。父母尊重孩子的秘密和隐私，是对孩子自尊心的保护。自尊心是孩子品德的基础，如果孩子的自尊心瓦解，品德也会瓦解。

　　青春期的孩子心理异常敏感，父母去刺探他们的隐私，会对他们造成很大的影响和伤害。父母要明白，孩子有了自己的隐私，并不代表在向父母隐瞒。每个人都会有隐私，孩子有隐私是一种很正常的现象。父母不希望孩子来窥视自己的隐私，孩子同样也不希望父母不尊重他们的隐私和秘密。给孩子一份私密的自由空间，能够让孩子的心理成长得更健康。如果你爱你的孩子，就给孩子这一份尊重和自由吧！

　　那么，父母应该如何保护好孩子的隐私，给孩子自由的空间呢？

1.以朋友的心态和孩子谈隐私

孩子并不介意和父母谈隐私，只是怕父母过多地管制和批评。父母如果用朋友的心态去和孩子分享隐私、秘密，想必孩子也不会太排斥。其实孩子很渴望得到父母的指导，这样他们才能更有信心和力量处理好自己的隐私问题。如果父母能够承担这个角色，孩子肯定会欣然接受。

2.教会孩子解决隐私和烦恼的方法

孩子的隐私多是一些令人烦恼的问题，父母要教会孩子正确的解决方法。如果父母只是传授方法，而不是板着面孔说教，孩子就会很乐意学习。

刘乔喜欢班里的小青，每天上课时都会情不自禁地看她，但又不敢直接面对小青。这样过了一段时间，刘乔的成绩明显下降。他跟爸爸讲了自己的秘密，爸爸没有批评他，而是鼓励他多参加体育运动。爸爸还告诉他，这段时间要多和其他女生正常接触。刘乔有些不明白，为什么要多接触呢？爸爸笑了笑，说，你试试就知道了，他便试着多和女同学交往。不到一个星期，他就明白了。原来正是因为以前从没有和女生交往过，才会觉得有神秘感。他现在敢和小青探讨学习了，上课也不再六神无主了。

父母能够教给孩子解决问题的有效方法，不仅会让孩子把自己当成亲密朋友，同时也给了孩子最好的帮助，这是一举两得的方法。

3.不当众揭穿孩子的秘密

孩子最忌讳的是被当众揭穿隐私和秘密，父母一定要注意这一点，就算觉得孩子的行为不对，也要注意批评的方式、方法，不能伤害到孩子的自尊心。

刘源偷偷拿了妈妈的100块钱，被爸爸发现了。刘源觉得很羞愧，给爸爸保证不再犯了，希望爸爸能为他保密。但爸爸没有在乎他的感受，这一天，家里来了很多客人，爸爸又当众告诉所有人他的这件丑事。刘源一听到爸爸说这事，脸马上就红了，伤心地跑进了自己的屋子。

孩子很在乎自己的自尊心，父母要帮助孩子保护好面子。当众揭发孩子的秘密，只会极大地伤害孩子的自尊心。

4.不用非正常手段获得孩子的隐私

父母在未经允许的情况下，查看孩子的信件、日记、手机短信、电子邮件、网上聊天记录及其他个人信息都是不尊重孩子的行为。

黄磊的爸爸发现黄磊最近一段时间只要一回家就上网，于是趁黄磊上学后，打开了黄磊的QQ，查看了黄磊的聊天记录。发现黄磊竟然和一个叫"云云"的人在热烈地网恋。爸爸一气之下，就把对方给删除了。黄磊回家后，发现了这件事，对爸爸的行为感到非常气愤。

父母通过非正常手段获取孩子的隐私，会严重伤害孩子的自尊心，同时也会恶化亲子关系。

【沟通心理启发】

父母要明白一个道理，孩子是一个独立的个体，有自己的思想和想法，家长要懂得怎么尊重孩子。不要把孩子作为自己的附属品，父母养了你，就得什么都听父母的，孩子的私人用品，随意地翻找，这种从属关系，会让孩子感到害怕。凡事不要强迫孩子，尊重孩子的隐私权，人和人都是不一样的，不要当着别的孩子的面，批评自己的孩子。父母要充分信任孩子，懂得沟通，多站在孩子的立场想问题。

让孩子拥有言论自由

语言是孩子重要的表达工具，让孩子大声说出自己的想法，情绪才不会受到压抑。孩子表达清楚自己的意见，才能获得更多的关注和帮助。刘海生活在一个很民主的家庭，家里有什么大事，父母都会让他参与讨论，父母认为这样不仅可以使孩子意识到自己是家里的一分子，而且让孩子将自己的想法说出来，能锻炼孩子的表达能力。

孩子能够主动说出内心的想法，是亲子成功沟通的第一步。父母要鼓励孩子说出自己的想法，在孩子年幼时，就要注意培养他的语言表达能力，让孩子能清楚地表达情绪。

孩子能够自由、准确地表达自己的意思，能提升自信心、自尊心。孩子能够大胆说出意见是一种自信的表现，更是一种能力的体现。

父母不要轻易驳斥孩子的意见、想法。孩子稍大后，随着情感和道德感的初步萌芽，会有各种不愉快、不满情绪；如果孩子不能及时排除这些负面情绪，就会产生心理阴影。

父母要努力营造民主和谐的亲子交往环境，这样孩子才敢知无不言、言无不尽。孩子只有乐于和父母交流沟通，才不会关闭自己的心扉，而孩子能够向父母敞开心扉，说出自己成长过程中的胆怯、疑惑、奇思妙想，才可以拥有更健康更完整的人格。

如何给孩子言论自由呢？我们可以参考以下建议：

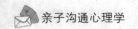

1.对孩子的谈话表现出浓厚的兴趣

父母想让孩子把内心的想法说出来，就要对孩子的谈话内容产生浓厚的兴趣。孩子在和父母讲话时，父母的面部表情、身体姿势都会对孩子谈话的兴趣产生影响。父母表现出认真和感兴趣，孩子才会乐于倾诉。父母引起孩子和自己谈话的兴趣，是打开孩子心扉的第一步。孩子是否乐于和父母倾诉，要看父母是否乐于倾听。

2.学会做个倾听者，给孩子足够的话语权

孩子在向父母倾诉时，父母要做到少说话、多倾听。父母这样做是给孩子说话的机会，让孩子能够尽情说出心中的想法。父母学会亲切、平和、耐心地倾听孩子的谈话，孩子就会带给父母更多的惊喜。父母要学会做个耐心的倾听者，不要急于对孩子的话下结论、下判断，这样才能听到孩子最纯真、最清澈的心语。

3.从孩子的角度换位考虑问题

孩子和成人的思维方式、思维习惯有所不同，父母要学会从孩子的角度去思考问题，体味他们成长过程中的问题和烦恼，才容易和孩子达成共识，让孩子乐于袒露自己的心事。父母只有学会从孩子的角度思考问题，才可以和孩子走得更近。

4.给犯错的孩子解释的机会

孩子犯错后，如果父母不愿意听孩子解释，认为孩子是在狡辩，就会渐渐地将孩子推离自己。孩子的表达愿望受到了负强化的作用，就会渐渐变得不再爱说话。

陈勇现在几乎不主动和爸爸说话。他印象最深刻的一次记忆，是他和明明打架那次。那次本来是明明先动手的，结果被陈勇打伤了，明明哭着找陈

勇的爸爸告状，而爸爸二话没说，不问青红皂白，当着明明的面就把他打了一顿。陈勇觉得特别委屈，从此他就不喜欢和爸爸说话了。爸爸每天的工作很忙，这样一来，父子俩更是几乎都没有交流的时间，变得越来越疏远了。

　　孩子犯错后，父母不愿听孩子解释，也不给孩子解释的机会。经常这样，会让孩子变得有话不敢说，也不愿意和父母说，从而阻碍了亲子之间的交流。

【沟通心理启发】

　　口语交际是语文素养中的一项重要内容，需要在生活实践中不断地锻炼，观察生活、积累经验要学会活学活用。我们不能不让孩子说话，更不能因为孩子说错话就不断地批评。自由的话语权，会让孩子在表达和应对能力上不断地进步。也会在快速反应、理解能力、待人处事的综合能力上不断地发展。

学会和孩子沟通

孩子的内心世界需要用心倾听，倾听是增进沟通、促进理解、走近孩子的好方法。父母想关爱孩子，就要学会倾听孩子的话语，理解孩子对世界的认识和看法。父母真正用心倾听孩子的心语，是平等地对待孩子的一种表现。孩子正在成长为一个独立的个体，如果父母总认为孩子的话无关紧要，喜欢随意剥夺孩子表达意愿的权力，不去倾听孩子的意愿，就会造成亲子之间的误解，让孩子觉得自己不被尊重，给孩子带来心灵的伤害。

父母不愿意倾听孩子，是因为心理上始终认为他还是个孩子。孩子在父母心中是矮小、柔弱、不独立的，需要父母来管理好他们的一切。但父母却常常忽视了孩子也是独立的个体，从而导致角色定位失误，剥夺了孩子的自主性意愿。有些父母总愿意来替孩子做些选择和决定，而拒绝倾听孩子的心语。这样的父母关闭了倾听孩子意愿的耳朵，也会封闭通往孩子心灵的大门。倾听孩子，不但可以让他们的表达能力得到提高，父母也能因此进入孩子的内心世界，体验他们的喜怒哀乐。父母的倾听，还能给孩子带来心灵成长的自由。孩子只有获得了自由，各方面能力才会迅速成长起来。

那么如何和孩子沟通呢？父母可以参考如下建议：

1.给孩子倾诉时间

父母要每天抽出一段时间陪孩子。这段时间里，孩子有对父母的支配权，亲子间可以谈论一些孩子最感兴趣的事情。父母要克制自己去"教"孩子，而让孩子来"教"自己。父母用这种方式来陪孩子玩，听孩子倾诉，就能够真正听到孩子的心声。父母陪孩子的时间不在于长，而在于坚持，才能将关爱源源不断地传送给孩子。

2.从表情、语言、姿势中传递倾听兴趣

父母倾听孩子时，要用善意、鼓励、略带急切的眼神凝视孩子。父母还要用肯定的肢体动作及面部表情鼓励孩子说话。父母浓厚的倾听兴趣是孩子乐意与之交流的前提。

莫聪喜欢和爸爸说心里话，他的小秘密爸爸全知道。一天，他悄悄用了妈妈的口红，把自己的脸画成了阿童木的样子：一个红鼻子，两个红脸蛋。晚上爸爸一回来，他就把这事告诉爸爸了。爸爸听后，肚子都快笑疼了。莫聪和爸爸走得很近，他觉得爸爸能够了解他的心思，还很尊重他。每次，他的小故事，爸爸都特别爱听。莫聪看到爸爸乐意听他说，也就更喜欢和爸爸分享自己的心情了。

父母对孩子的谈话表现出浓厚兴趣，才能激起孩子倾诉的愿望。父母在倾听的过程中，要避免不专心的动作和姿态。

3.倾听中适当地提问

父母在倾听的过程中，要多听少说，但是不能少了适当地提问。父母的提问能够引导孩子全面、客观地看问题。父母要注意，是向孩子提问而不是去向孩子说教，主要还是要做一个倾听者，提问只是引导孩子把谈话进行下去。

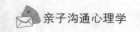

4.不要轻易打断孩子的谈话

在谈话的过程中，父母不要轻易打断孩子，要等待孩子陈述完意愿和想法后，再提出自己的疑问。父母直接插话会让孩子反感。

【沟通心理启发】

可怜天下父母心，在面对孩子反抗的时候，父母也不知道怎么来面对。孩子越来越大，反而不听话了，干什么都跟父母反着来，有时候父母问孩子十句孩子一句也不答，这时候作为父母应该都很着急。或者是父母说一句，孩子就顶一句，沟通完全不在一个频道上。有这种情况发生，沟通困难的原因就在于父母对孩子的了解还不够，或者说沟通技巧不足。父母除了对孩子说教、盘问、恐吓，还会说别的孩子怎么好，这种状态往往容易产生矛盾。亲子之间的沟通除了满足需要还要有足够的尊重和自重才行。努力减少冲突，解决问题为中心，而不是毫无目的的情绪发泄。

第七章

不要把孩子当成私有品

　　每个人都是一个独立的个体，孩子也一样，他们有情感、有主张，不会完全按照父母的想法成长。孩子不是家长的私有品，很多家长之所以痛苦，就是因为不明白这个道理。多数父母为孩子做的事，都不是孩子想要的，而只是满足了做父母的成就感。好的父母要懂得尊重孩子，遇到分歧的时候，要询问孩子的意见，而不是自己做决定，对于孩子喜爱做的合理之事，父母更加要支持，不能以爱的名义对孩子进行心理伤害。

孩子渴望被尊重

孩子作为一个独立的个体，具有自己的隐私和敏感的自尊心。他们渴望被尊重、被承认，父母应该尊重孩子的隐私，保护他们的自尊心。孩子得到了父母的尊重后自然也会懂得如何去尊重父母、尊重他人。

一天，女儿放学回家，发现妈妈正在看自己写的日记，她十分生气，对妈妈抱怨道："老师说日记是自己的秘密，任何人都不能偷看！你为什么要偷看呢？""这怎么能说是偷看呢？妈妈看你的日记是为了多了解你，及时发现你有什么需要帮助的问题，妈妈好来帮助你。""我不需要你的帮助！反正老师说了日记不能让其他人看。"平时乖巧的女儿现在大声地和自己叫喊，妈妈也生气了："怎么能这么说话呢？我是你妈妈，难道我把你养这么大，还没有资格看你的日记吗？"女儿哭着叫喊："那是我的秘密，是我的隐私。"说完，女儿一把夺过妈妈手里的日记，跑到自己的房间里哭了起来。

很多孩子都会写日记，尤其是感情更为丰富、细腻的女孩儿。日记就如同一位亲密的朋友，它是孩子倾吐心声的对象，是孩子存放隐私的好地方。隐私是每个人心中不愿意告诉他人的秘密，人人都有自己的隐私，孩子们也不例外。但孩子有了隐私，许多父母总是千方百计地去查看，如翻抽屉看日记、拆信件，甚至打骂训斥。因为在父母们看来，孩子的隐私都是些小事，可对孩子来说，再小的隐私对他们来说都是

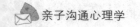

大事。

　　父母不尊重孩子的隐私，就是对他们不信任、不尊重，伤害了他们的自尊心，破坏了孩子的安全感。曾经有个小女孩的日记被父母偷看后，她心里一直有阴影和伤害，就再也不敢写日记，再也不敢告诉父母心里的小秘密了。更严重的情况下，孩子可能还会因为父母不尊重自己的隐私甚至产生对父母的敌意和反抗，导致父母和孩子关系的恶化。

　　因此，父母应该尊重孩子的隐私，让他们有种平等的感受，这是对孩子人格的保护，父母也会因此而赢得孩子的敬重和爱戴。孩子的隐私不仅仅会藏在笔记本里，其实也会存在于孩子生活中的方方面面，所以，生活中父母要给孩子足够多的尊重，而不要有意无意地去偷窥孩子的隐私。

　　一位母亲苦恼地对朋友说，不久前他儿子在门上挂了一个牌子，上面还写着"有事请先敲三下，允许，方可进入。"一次母亲未敲门就进入房间，孩子竟然愤怒地大声问道："有什么事？为什么不敲门进来？"她十分伤心："白养这么大了，竟然这样对待我！"

　　对此，她的儿子是这样说的："我看书写作业时，有时写着写着，感到背后有喘气声，猛一回头，发现爸爸或妈妈正在偷偷地看我。每当这时，我就觉得自己像做错了什么事，气得跟他们吵了起来。对他们不敲门进房间我特反感，每个人都要尊重别人，父母也不例外。"

　　孩子之所以要求父母"请勿打扰"，根本原因就在于父母无视孩子的隐私，不尊重孩子的人格与自尊，引起了孩子的反感。如同父母有属于自己的个人空间一样，孩子也需要属于自己的空间，就如同父母单独在自己房间中的时候不愿意让孩子看到一样，孩子们也有他们自己的情感世界，自己的隐私空间，他们也不喜欢别人无端地闯入自己的私人空间，盯着自己的隐私看。懂得尊重孩子的父母在孩子心中也必定是有威信的，懂得尊重孩子隐私的父母，必定也是孩子愿意告之一些隐私的父母。

【沟通心理启发】

尊重是爱的表现，家庭是孩子第一个生活环境，父母对孩子的尊重会直接反映在孩子的习惯上的。而孩子的心里都渴望得到他人的尊重，孩子无论是听话还是不听话我们作为父母都应该以尊重的态度出发，引导孩子去做积极正确的事情。在私人物品、社交关系以及其他隐私方面，父母都应该尊重孩子们的小秘密。亲密的亲子关系可以提高孩子的自我认同感和自我价值感。

多和孩子商量一下

家庭的教养方式对孩子的影响很大。家庭教养方式主要有六种类型，即溺爱型、否定型、民主型、过分保护型、放任型、干涉型。其中，民主型家庭教养方式和否定型家庭教养方式对子女的自信心影响最大。一般来说，在民主型家庭中，父母是孩子的朋友，她们经常和孩子商量事情，尊重孩子的想法和意见，经常给孩子表扬和鼓励。

而生活在否定型家庭中的孩子，父母经常打骂、批评孩子，对孩子的责罚多于赞扬，孩子们的自信心相对较差，他们往往不相信自己的能力，总是甘居下游，对未来担忧，对前途充满恐惧。

商量的魅力在于，它能使家庭关系变得和谐。商量，能使孩子得到大人的尊重，从而使孩子懂得尊重别人，并学会用商量的办法去对待父母和他人，避免冲突和对抗；商量，能使孩子学会从别人的角度来观察事情，思考问题，学会民主和平等、尊重和友谊。

父母在涉及孩子的问题上，尤其要和孩子商量，多听一听孩子自己的意见。父母希望孩子"怎么做"或"不要怎么做"时，不宜采取强制方式。因为强制的结果，要么造成孩子被动心理和懦弱性格，遇事没有主见；要么使孩子产生逆反心理，脾气更坏，说什么都不听。

所以，父母应该学会尊重孩子，做事经常考虑孩子的想法和意愿，不要把孩子当成一件"附属品"，而要当成"独立人"来看待。遇事要和子女商量、沟通，多对孩子说"这件事爸爸妈妈想听听你的意思""孩子，这是个严重的问题，咱们商量一下看怎么解决好"，这一类商量的话。面对这样的态度，孩子会非常开心。他们在家中的地位得到了体现，他们从父母的重视中感受到了一份尊重，也不再觉得父母高高在上，反而有种亲近感。

【沟通心理启发】

越来越多的家长意识到家庭教育的一个精髓，那就是"不教"。父母让孩子学会自主决策处理自己的事情，以及家庭中的一些事情。让孩子去安排和管理，学会寻找自己的兴趣点，做有意义的事情。让孩子参与决策，是家庭教育培养孩子的自主意识、自主能力的重要环节，再配合一定的独立空间，在一定程度上和范围内孩子独立完成自己选择的事情，逐渐学会自立和自强。

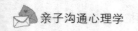
不要与爱的本意背道而驰

物质生活条件越来越好的今天，不少孩子的成长却出现了"三大三小"现象，即生活的空间越来越大，生长的空间越来越小；房屋的空间越来越大，心灵的空间越来越小；外界的压力越来越大，内在的动力越来越小。

这些奇怪的现象，应该引起父母的足够重视。给孩子自由的成长空间，不是一句空话！父母纷纷感慨："现在的孩子真是不听话，补习班昨天又没上。""孩子们越来越不好教育了。"真的是孩子们越来越难教育了吗？还是我们的教育方式出现了问题？

程君今年7岁了，刚开始读小学。一次，程君在姨妈家认识了一个新朋友玲玲，她比自己小半岁，但是已经学习舞蹈三年了。玲玲在家长的鼓励下表演了一段拉丁舞，这下刺激了程君妈妈的神经。"我们的女儿成天像个男孩子，和小区的孩子们打打杀杀，不成样子。我看见老马家的女儿去学舞蹈了，跳得很有气质，不然我们也送女儿去学习？"和爸爸商量之后，妈妈马上就给程君报了舞蹈课。

但是天生好动的程君根本不听老师的指挥，不仅上课讲话，学习也不专心。不到两周，程君就说什么也不上舞蹈班了。妈妈在家里急得直跺脚，但眼前的"假小子"一点儿改观都没有。妈妈将程君送去舞蹈班，本来是想早点儿培养女儿的气质，但孩子却感觉属于自己的课余生活突然被打乱了，因而学习的积极性不高，妈妈想要达到的效果也完全不能达到。不考虑孩子的兴趣，盲目地将孩子送进兴趣班，并不能解决问题。

送孩子上兴趣班是当今父母为孩子安排课余生活的首选。的确，很多孩子从兴趣班上学到了知识，但孩子的心灵却没有因此而变得成熟丰盈。许多父母将培养孩子的重点放在增长知识上，为了让孩子学习，父母还要节衣缩食，尽一切力量来改善孩子的学习环境。

如果父母真的想要孩子成长和学习，就给他们空间，让他们朝着健康、能干和情绪稳定的方向发展，这才是爱的真正意味。但是父母现在的情况是，以管教和约束的方式来养育子女，这是与爱的本意背道而驰的。

薇薇今年高考，成绩还不错，可以挑选一所重点大学。这本来是一件皆大欢喜的事情，但是她整个暑假都过得不开心。原来，一家人在填报专业上发生重大的分歧：薇薇想学自己感兴趣的教育学，但是父母总觉得医学更适合女儿，他们希望她成为一名医生，于是坚决主张薇薇报考医学。

"这是你的人生大事，爸爸妈妈有经验，你就听我们的，我们绝对不会害你。"妈妈开导薇薇，"正是因为这是我的人生大事，我才一定要坚持学自己喜欢的专业。你们总是说我没有经验，但是你们给我锻炼的机会了吗？从小到大，哪一次不是你们决定的，这一次我绝对不让步！"最终，薇薇还是没能拗过家长，薇薇报了一所离家最远的大学的医学专业。

薇薇的反问值得父母深思。很多时候，父母都是因为"为了孩子好"这个想法，剥夺了孩子成长应有的空间，而是让孩子在父母设计的世界里成长。

给孩子一个成长的自由空间，是现代教育家们共同呼吁的一项理念，其中就有著名的教育家蒙台梭利。蒙台梭利将"自由教育"列入自己的基本理念，称这样的教育方法是"以自由为基础的教育法"。

正如蒙台梭利所主张的，让孩子拥有自由，首先是让他们领悟到纪律和秩序的重要性。怎么让孩子区别好坏，唯有说教显然是达不到目的的。让孩子有自由成长的空间，让他有自己的想法和选择，是父母对孩子人生的负责。

为了孩子健康成长，再疼爱孩子的父母也要学会说："这是你自己的事，你自己决定就好了。"

【沟通心理启发】

父母必须以科学的方法来培养孩子，给孩子们最大的自由，促进孩子们自发性地表现自己。这里的自由，不是放纵和无限制。想让孩子学会辨别是非，知道什么是不应当的行为，应当以乐观的状态为基础，父母则给予孩子思索事物和理解问题上必要的帮助。

让孩子对自己负责

　　每个孩子自身都有着巨大潜能，但很多都在父母的压制下没有发挥出来。诚然，帮助孩子发展一项爱好是很好，但是一定首先要考虑到孩子的感受。如果他并不愿意去学，那么这些课程对于他来讲就是很折磨人的一件事情了。

　　每个人都是不尽相同的，唯有找到自己的兴趣，发挥自己的潜力，才能做出最好的成就。不要相信一个孩子成才是通过某种公式复制出来的，每个孩子独特的优点就是成功的源泉。一个人的快乐和他是否能做他感兴趣的事情是有很大关系的。

　　所以，父母一定要支持孩子做他最喜欢做的事情，给孩子自主选择的权利，然后帮助他们朝着自己感兴趣的方向去发展。每个孩子身上都具有巨大的潜能，当孩子按照自己的意愿尝试着做一件事情的时候，总会想着尽力去做好，做成功。孩子在自主奋斗的过程中，才华和潜能可以得到淋漓尽致的发挥。相信每一个孩子都能成功，关键在于父母要帮助孩子找到自己的最佳才能区。只有找到了最佳才能区，孩子的才能才可以发挥到最大。

　　作为父母，我们不可以对孩子的兴趣横加干涉，也不能区别对待，不要因为孩子的爱好是弹钢琴就热烈支持，而孩子喜欢美容美发就强烈反对。因为即使在平凡的服务行业中照样也能培养出身手不凡的能工巧匠，如饮食行业中的名厨、美容美发中的名师、服装行业中的设计师等。他们都以自身成才的成长经历表明：发展自己的兴趣，早晚有一天会成为同行业的佼佼者，成为一个对社会有用的人。成功是让孩子做他自己喜欢的事情，而不是做你喜欢的事情。每个人的路都只能自己去走，谁也代替不了，父母也不例外。

那么，如何让孩子摆脱对父母的依赖呢？如何让孩子对自己负责呢？父母要做的，除了从对孩子的照顾中把自己和孩子解放出来，还要注意哪些方面呢？我们提出了以下几点建议：

1.鼓励孩子不断地进行尝试

比如洗衣服，有的父母担心孩子洗不干净，把水洒得到处都是，于是进行干涉，这样只会让孩子产生强烈的挫败感，这对孩子独立性的培养大为不利。父母不妨告诉孩子洗衣服的步骤和注意要点，这样，孩子经过几次尝试之后，自然就熟能生巧。

2.不断强化孩子的适应能力

父母可以让孩子在家中做一些力所能及的事情，比如倒垃圾、叠被子、打扫卫生、洗菜等，这样能增强孩子独立做事的能力，摆脱孩子凡事都要依靠父母的习惯。千万不要想着孩子动作太慢，就不让他做家务，否则只会养成孩子依赖的心理，也更容易让孩子丧失对家务的参与权和责任感。

3.利用榜样的作用激励孩子

榜样对孩子摆脱依赖及促进其独立自主能够产生一些积极的效果。父母可以经常告诉孩子一些名人独立的故事，让他从中吸取力量。在孩子做事的时候，积极地鼓励他，也能增强孩子的自信心和独立做事的热情。每个孩子不可能永远生活在摇篮和温室中，终究是要走向社会的。

而社会对人的要求是平等的，优胜劣汰是一个不变的自然法则。

自立作为孩子成长的过程，也是他们心理品质成熟和塑造的过程，所以，再疼孩子的父母也要放开孩子的手。只有让他摆脱对你的依赖，才能在更广阔的世界中发展自我，成为一个真正自立的人。要知道人生只能由他自己来负责！

【沟通心理启发】

心理学常把人格分为两种类型：内控型和外控型。通俗点说就是：内控型人格相信自己，并通过努力改变命运；外控型的人格认为不能改变自己的命运和境况，是被他人、外界摆布的弱者。父母通常都希望孩子成为内控型的强者，对自己负责。孩子有非常强的模仿和观察能力，他们会从父母的言行举止中总结和学习。在家中，当父母因为工作和生活压力抱怨、责备来转移自己的压力。那么，孩子逐渐会形成外控型的性格。而父母要放开手脚让孩子大胆地去做，摆脱依赖性，发展自我，成为一个真正独立的人。

第八章

培养孩子的品格很重要

　　在如今的社会中，人际关系的好坏决定了将来是否能成功，而具有健全的人格才能有好的人际关系，从而取得成功。品格关系到孩子的现在和未来，远比拥有财富和知识更加重要，品格是属于情商的范畴，情商远比智商更重要。如果一个孩子的品格不好，即便再聪明，将来也难有成就。

让孩子成为诚实的人

　　一个人的成长、成才、成功，需要多方面的因素，智力因素固然重要，非智力因素也同样重要，正诚实是非智力因素中最关键的一种。在培养孩子诚实的品格时，父母要注意方式和方法，这样既有利于孩子良好品德的形成，又有利于两代人之间的沟通。

　　如果孩子犯错撒谎，我们不要立即批评，而是要讲一个有关诚实的小故事，使其主动承认错误。这种让孩子"自省"的方法，能使孩子从内心深处认识到撒谎是错误的行为，并能通过自身的积极努力去改正。然而遗憾的是，很多父母虽然明白诚实的品性对孩子的成长、成才乃至成功都是至关重要的，但在培养孩子的过程中却急于求成，不讲究方法，以致达不到好的效果。比如，有的孩子告诉父母某某坏事情是自己做的，父母就会暴跳如雷，对孩子或责骂，或体罚，而不是对孩子说真话的行为进行鼓励，这样就会误导孩子，使孩子认为说真话反而对自己不利，因而为了逃避责任和惩罚就会选择说假话，这就违背了教育的初衷，结果就会适得其反。

　　一个诚实的人能博得他人的信任，能在与他人交往中结下深厚的友谊，能够拥有真正的朋友。父母都希望自己的孩子是一个诚实的人，但具体该如何做呢？

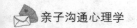

1.找到谎言的源头

孩子说谎总是有原因的，但是无论出于什么原因，在最初说谎的时候总是会表现得比较紧张的，因为他怕被父母识破而遭到训斥。但他也总会抱有一种侥幸心理，以为父母不一定在意他的话，肯定会相信他的最初几次说谎。如果没有被父母识破，孩子就会变得越来越大胆，以致形成说谎的习惯；如果一开始就被父母识破而受到批评，孩子也就不敢轻易再说谎了。因此，父母要留心孩子说话时的表情，及早发现他的说谎行为，及时予以教育。

其实，只要父母注意观察，多和孩子交谈，发现他说谎是不难的。如经常问问孩子当天上了哪些课，参加了哪些活动，就不难发现孩子是否逃学；当孩子向家长要钱，并说是捐款时，只要问问捐款的用途，或向其他同学了解一下，便可判断是否在说谎。父母发现孩子说谎后，需要及时帮助他认识到说谎的危害性。父母要让孩子知道，说谎得到的只是自欺欺人的短暂快乐，而失去的却是别人对他的信任。说谎或许可以一时蒙骗过去，但迟早会被别人发现真相，从而遭到人们的斥责。

2.父母要给孩子做出表率

所谓"身正则不令而行，身不正则虽令而不从"，一个人是否具有诚信的品质，取决于儿童时期的家庭教育，关键在于父母的言传身教。父母一定不要以为，给孩子灌输一些诚实的道理，孩子就学会了诚实，以为在孩子面前说一套，背着孩子做一套，不会被孩子识破。如果你希望自己的孩子成为一个诚实的人，千万不要把希望寄托在空话上，要以身作则，言行一致才可以。

3.对孩子多鼓励，少批评

许多父母对待孩子的错误不是正面教育，而是粗暴地惩罚、打骂，孩子为了逃避惩罚不得不选择撒谎这种方法，因此，父母应该反思自己的教育方式，调整自己的言行。在日常生活中，父母应该对孩子多鼓励，少批评，以避免孩子为了逃避惩罚而选择撒谎的行为。在纠正孩子说谎的过程中，父母要根据孩子的心理特点，从关心、爱护孩子的角度出发，细心地观察孩子的言行，分清是非、区别对待，耐心地引导，绝不能简单粗暴地对待。只有这样，才能有效地纠正孩子说谎的不良行为。

【沟通心理启发】

　　诚实是一个人重要的美德之一。儿童说谎是一种比较普遍的现象，孩子在做错某一事情而不想被父母发现的时候会有撒谎的表现。这与父母在家庭教育的错误有很大的关系，比如期望值过高、违背天性、比较强势、粗心大意、评价失当等，这些都是诱使孩子在达不到预期的时候做出撒谎的行为。作为明智的父母，应当多做诚信的榜样；赏罚分明，适当的奖励和惩罚；不断鼓励孩子好的行为。

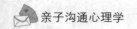

培养孩子善良的品质

教育孩子与人为善，从小要有一颗善良的心，这是父母必须要做的。因为善良是伦理道德范畴中最基本的概念，这一概念的具体体现就是善行，就是善举，就是对社会和他人做一些符合道德要求的、具有有益结果的事情。

善良作为一种美德，对一个人的成长发展有着不可忽视的积极影响。缺乏善良品性的人，是一个性格上有着缺陷的人，最终往往难以有所作为。因此，好的父母一定要注重培养孩子善良的品性。

教育孩子与人为善，要从小怀有善心，这是父母必须要做到的。然而，一些父母常常忽略了对孩子进行爱心教育，他们一味放纵孩子，或者自己本身的道德水准就不高，爱与人斤斤计较，为人刁钻、刻薄，没有爱心和同情心。父母的这些不当的言行会影响到孩子，使孩子在成长的过程中逐渐失去爱心和同情心，而变得冷漠、自私。因此，在教育孩子要与人为善的同时，父母更应该以身作则。

生活中，一些真正的行善者都是真诚的、道德品质高尚的人，这些行善者的心是宽容的，他们待人厚道、心灵质朴，因此常能获得人们真正的爱戴。一个人有了善良的心，也会受到生活的眷顾，他给予别人多少爱，就会收获同样多的回报。那么，父母应该如何培养孩子善良的品性呢？

1.用小故事感化孩子

孩子一般都喜欢听故事，当父母培养孩子的善良品性时，不妨选取一些关有这方面的小故事来感化孩子。孩子的内心世界就像白纸一般干净纯粹，好的父母正应该利用这一特质，在这张"纸"上"画"满爱心。让孩子受到爱心的感染，从小故事中感受到与人为善的美好，这比父母单纯地说教要生动和有效得多。

2.培养孩子的同情心

在生活中，父母应该注重培养孩子的同情心，特别是对处在逆境中的人要表示出自己的关心，并且给予必要的帮助。同时，父母要提醒孩子，如果他漠视别人，在他人遭遇困难时袖手旁观，或是避而远之，那么在自己遇到难处时，也不会得到别人的帮助。因为没有人喜欢和一个冷漠的人打交道。

父母应该让孩子懂得：对身处困境的人抱以同情和怜悯，并给予力所能及的帮助，这并不会为自己带来任何坏处，反而是一件于人于己都有好处的事，而不要被表面的现象或一时的得失所迷惑而拒绝帮助别人。

3.用自己的爱心感染孩子

孩子虽然生下来就具有天然的爱心和善心，但他们仍然需要父母的帮助和引导，才能将这些情感转化为对他人的善意行动，所以父母一定要规范自己的言行，提升自己的道德水准。如果父母时常关爱别人、同情弱者，并因此受到周围人的赞许和爱戴，孩子自然会以父母为榜样，也会用自己的爱心去争取赞许和喜爱。

4.不要扼杀孩子的爱心

在孩子成长的过程中，特别是在幼儿阶段，孩子会自发地表现出

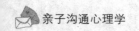

爱心，比如听到家长讲悲伤的故事会哭泣，见到小动物会去爱抚等。这时，家长对孩子自然而然地流露出的爱心要加以鼓励，要对孩子的爱心行动及时给予肯定。孩子的爱心是稚嫩的，你在乎它，它就会长大；你忽视它，它就会枯萎；你打击它，它就会死去。如果父母想要拥有一个富有爱心的孩子，就应该在生活中培养它、呵护它，这样，那仁慈博大的爱心，就会在孩子的心头扎下根，并会随着孩子的逐渐长大而不断壮大和升华。

【沟通心理启发】

"人之初，性本善"，苏联教育家苏霍姆林斯基也说过："善良的情感是良好行为的土壤。"父母不应该只注重孩子的学习成绩，而忽视了孩子本性中的善良。在平时的教育中，要让孩子学会尊重、关心和鼓励。在耐心教导孩子的同时也要细心观察孩子，培养孩子善良、宽容和勇敢的心。

让孩子乐意与人分享

一位哲人曾说："分享是这个世界上最伟大、最美妙的感觉，也是一个人必备的美德。它能让你收获快乐，收获友谊，收获事业的成功。"父母应该教会孩子和别人分享自己的食物、玩具，分享自己的喜悦、烦恼，因为与人分享的乐趣胜过独自拥有。孩子只有了解了分享的意义，克服"以自我为中心"，才能在与人的交往中少一些矛盾，多一些和谐，获得与人分享的快乐。

让一个孩子把自己心爱的东西与他人分享，有时比登天还难。现代家庭中的孩子，大多集"万千宠爱于一身"，因此很多孩子养成了不肯与人分享的坏习惯。只要是自己喜欢的东西，无论是玩具还是零食，统统据为己有。他们的自我意识极强，凡事首先考虑到自己，满足自己，稍不如意，便会以哭闹来反抗。孩子之所以如此看重自己的东西，不肯与他人分享一点点儿，究其根源，与父母平时对他们的溺爱有关。

因此，父母有必要教育孩子学会分享，明白分享的意义。这样孩子在成长的过程中，会因懂得分享而去关爱他人，帮助他人，同时也能从分享中获得帮助与关怀。如果父母在孩子小的时候就教会孩子对他人说一些关怀体贴的话，同情并乐意帮助有困难的孩子，主动与人分享自己的零食与玩具等，孩子就能从一次一次的付出中，体会到做了有益于他人的事而带来的快乐，从而乐意与人分享。

许多孩子都有这样的心理特征：不愿意与别人分享自己的东西，却非常希望能够分享到别人的东西。父母应抓住孩子的这种心理特征，通过角色转换，让孩子站在对方的立场去思考问题，使孩子体会到分享的意义，从而乐意与别人分享。

父母有必要重视培养孩子与人分享的习惯，这样既有利于孩子的健康成长，而且在分享的过程中，孩子还能体会到付出的快乐，尝到"无私"的滋味。关于这个问题，父母需要讲究一定的方式和方法。

1.在家里营造与人分享的机会

在孩子小的时候，父母就要有意识地创造分享的机会。比如，在孩子处于婴幼儿阶段，当他手里拿着自己喜欢的小鸭子玩时，父母可以拿一个小娃娃或是一个小飞机递给孩子，然后从孩子手里拿走小鸭子，这样反复训练，孩子就能学会用自己手中的东西去与别人交换，而不是长时间地"霸占"着某一玩具。

2.要善于从小事着手

教孩子学会分享，不要认为只是向孩子讲道理就可以。父母应该抓住生活中的小事情来教育孩子，这样就更具有说服力，更容易使孩子理解。比如，给孩子买了他爱吃的东西，父母可以要求孩子分给自己一点点儿，或是送一点儿给邻居小朋友；在公共汽车上，让孩子给别的小朋友让座位或者合坐一个座位等。在一段时间内坚持这样做，孩子在养成分享好习惯的同时，也能体会到给予的快乐。

3.不要给孩子搞特殊化

有的父母过分溺爱孩子，有了好吃的全摆在孩子的面前，即使孩子主动让给自己吃，也会拒绝；有了好玩的，让孩子独自玩，并且在家里来了小朋友时，主动帮助孩子把好玩的东西藏起来，以免被别的孩子玩坏……这样时间一长，就会强化孩子的独享意识。因此，不给予孩子"特权"，少让孩子独享，孩子就不会滋生"独霸""独贪"的心理。

【沟通心理启发】

人们常说："如果你把快乐告诉别人，你就会得到双倍的快乐。"分享快乐和开心是心胸开阔的一种表现，这样的孩子一般不会自私。幼儿时期孩子一般都有极强的占有欲，随着年龄的增长，身边的小朋友也多了起来，就会慢慢地学会分享。这也是孩子成长的一个必然过程，只要教育得法，孩子慢慢会形成一种宝贵的懂分享、爱分享的品质。这种品质可以增加孩子的社交能力，还可以提高合作能力。

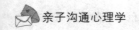

培养孩子的感恩之心

每个人都应该学会感恩，这对于现在的孩子来说尤其重要。好的父母一定要让孩子懂得感恩，知道感谢那些曾经帮助过自己的人：感谢家长的养育之恩，感谢老师的教育之恩，感谢伙伴给予的帮助……

生活中，很多孩子不懂得体谅父母，稍有不如意，还会恶言相向，甚至动手动脚。事实上，只有学会了对家长、师长和社会心怀感激，并懂得付出关爱和回报，孩子才能形成健全的人格。一个自私、不懂得感恩的孩子，长大成人后也不会受人尊重，在事业上也难以获得成功。更为重要的是，一个不懂得回报，甚至忘恩负义的孩子，由于冷漠、自私、无情及人格上的其他缺陷，他会很难与人相处，而且容易走极端，甚至会走上犯罪的道路。

父母应该把教育孩子学会感恩作为重中之重，因为一个人只有学会了感恩，才能以积极、乐观的心态面对生活。那么，怎样培养孩子的感恩之心呢？

1.父母要以身作则

孩子成年前与父母相处的时间最长久，因此父母的一言一行都将于潜移默化中深深地影响着孩子。父母应当首先对生活抱有感恩的心，平和地对待得与失，困境与逆境，用自己的言行感染孩子。在生活中，父母应常对自己的长辈、同事、朋友表达感激之情，并且用实际行动回报他人。孩子在和父母的朝夕相处中耳濡目染，自然也不会成为一个怨天尤人、自私自利的人。

2.让孩子懂得感恩父母

在现代家庭里，独生子女越来越多，他们不知感恩为何物，甚至在认知上还产生了偏差，认为他人对自己的付出是天经地义的，自己的享受是理所当然的。苏联有这样一句谚语："妈妈之恩，水不能溺，火不能灭。"父母为孩子付出的很多，但是很多孩子认为这是他们应该做的事情，因此不曾对父母表示过感谢。培养孩子的感恩之心，应该让他们首先懂得如何对自己的父母心怀感恩之心，懂得尊敬长辈。

3.教育孩子对周围人要心存感激

许多孩子从未真正认识到需要对他人心存感激，是因为他们只注意自己需要什么，却很少注意这些东西是从哪里来的。父母要教会孩子对身边的人心存感激，不光要感谢帮助、关心自己的人，也要感谢那些给自己找麻烦、和自己作对的人，正是他们磨炼了自己的意志、增长了自己的见识。父母应该培养孩子拥有一个好的心态，以感恩的态度面对生活。

【沟通心理启发】

感恩是一种品德、一和境界，更是责任。感恩对孩子来说是非常抽象的，但是培养孩子的感恩之心却是为了孩子以后的人生道路上不犯错，有一个健全的人格。这充实着孩子们的生活，塑造着他们的心灵。将来在社会上，才能更好地与周围人合作和相处。